Um trabalho para amar

Ao lado de um bom relacionamento, ter uma carreira que amamos é um dos principais requisitos para uma vida plena. Infelizmente, é muito difícil entender nossos sentimentos a ponto de saber para onde deveríamos direcionar nossa energia. Para ajudar nesse impasse, escrevemos este guia, que ensina como conhecer melhor a si mesmo e encontrar o emprego certo. Com compaixão e espírito profundamente prático, este livro vai ajudar você a descobrir seus verdadeiros talentos e identificar seus desejos e aspirações antes que seja tarde demais.

Um trabalho para amar

Título original: *A Job to Love*

Copyright © 2017 por The School of Life
Copyright da tradução © 2019 por GMT Editores Ltda.
Todos os direitos reservados. Nenhuma parte deste livro pode ser utilizada ou reproduzida sob quaisquer meios existentes sem autorização por escrito dos editores.

tradução: Beatriz Medina
preparo de originais: Sibelle Pedral
revisão: Hermínia Totti e Rafaella Lemos
projeto gráfico e capa: FLOK, Berlim
adaptação de capa e diagramação: Ana Paula Daudt Brandão
impressão e acabamento: Pancrom Indústria Gráfica Ltda.

CIP-BRASIL. CATALOGAÇÃO NA PUBLICAÇÃO
SINDICATO NACIONAL DOS EDITORES DE LIVROS, RJ

T35t

    The school of life
        Um trabalho para amar/ The school of life; tradução de Beatriz Medina. Rio de Janeiro: Sextante, 2019.
        224 p.: il.; 12,5 x 19,4 cm.

    Tradução de: A job to love
    ISBN 978-85-431-0796-7

    1. Trabalho - Aspectos psicológicos. 2. Qualidade de vida no trabalho. 3. Autorrealização (Psicologia). 4. Satisfação no trabalho. 5. Sucesso nos negócios. I. Medina, Beatriz. II. Título.

19-57303   CDD: 650.14
                                                                                 CDU: 005.336

Todos os direitos reservados, no Brasil, por
GMT Editores Ltda.
Rua Voluntários da Pátria, 45 – Gr. 1.404 – Botafogo
22270-000 – Rio de Janeiro – RJ
Tel.: (21) 2538-4100 – Fax: (21) 2286-9244
E-mail: atendimento@sextante.com.br
www.sextante.com.br

Sumário

	Introdução	7
i.	Como passamos a desejar um emprego que pudéssemos amar	7
ii.	Até que ponto estamos sozinhos em nossa busca	13
1	**Obstáculos para a definição de metas**	**23**
i.	O "mito da vocação"	23
ii.	A imprecisão da mente	28
2	**Os pontos de prazer no trabalho**	**51**
i.	Identifique o que você ama	51
ii.	O combate à fixação	74
iii.	A confusão entre produção e produto	84
iv.	Como é o emprego?	90
3	**Obstáculos e inibições**	**95**
i.	Modelos familiares de trabalho	95

ii.	Conserte seus pais	106
iii.	Os perigos do sucesso	110
iv.	Confiança e voz interior	117
v.	A armadilha do perfeccionismo	123
vi.	A armadilha do dever	127
vii.	A síndrome do impostor	132
viii.	A armadilha do investimento no emprego	138
ix.	Se a ideia fosse boa, não seria minha	145
x.	Evolução, não revolução	155
xi.	A força estimulante da morte	160

4 Consolações 165

i.	Felicidade e expectativa	165
ii.	Autocompaixão	186
iii.	Por que nenhum emprego jamais será suficiente	200
iv.	Apaixonar-se outra vez	207
v.	Um trabalho suficientemente bom	214

Créditos das imagens 219

Introdução

i. Como passamos a desejar um emprego que pudéssemos amar

Uma das características mais inusitadas e, ao mesmo tempo, mais comuns de nossa época é a suposição de que deveríamos ser capazes de encontrar um trabalho que não apenas toleramos ou suportamos pelo dinheiro, mas que apreciamos pelo alto grau de propósito, camaradagem e criatividade que nos proporciona. Não vemos nada de estranho na ideia de que devemos tentar trabalhar com algo que amamos.

No entanto, sabemos que não se trata de algo simples. Para ter alguma chance de tornar esse desejo realidade, precisamos dedicar muito tempo, imaginação e reflexão à complexidade que há em torno dele.

Durante a maior parte da história, a questão de amar ou não o próprio trabalho pareceria risível ou no mínimo esquisita. Arávamos a terra e criávamos animais, trabalhávamos em minas e esvaziávamos penicos. E sofríamos. O servo ou pequeno proprietário de terra só tinha a expectativa de alguns poucos instantes de satisfação, sempre fora do horário de serviço: a festa da colheita do ano seguinte ou o casamento do filho mais velho, que, no momento, tinha 6 anos.

A suposição era de que, se tivessem dinheiro suficiente, as pessoas simplesmente deixariam de trabalhar. Entre os antigos romanos (cujo estilo de vida dominou a Europa durante séculos), as classes instruídas consideravam humilhante qualquer trabalho remunerado. É reveladora a origem da palavra "negócio": *negotium*, literalmente, "atividade não agradável". O lazer – fazer pouca coisa, talvez caçar ou oferecer jantares – era considerado a única base de uma vida feliz.

Então, no final da Idade Média, uma mudança extraordinária teve início: algumas pessoas começaram a trabalhar por dinheiro e por realização. Um dos primeiros a perseguir com sucesso essa incomum ambição foi o artista veneziano Ticiano (*c*. 1485-1576). Por um lado, ele se deliciava com os prazeres da criatividade em seu trabalho: representar o modo como a luz incidia sobre as dobras de um tecido ou revelar o segredo do sorriso de um amigo. Mas, por outro, ele acrescentou um aspecto muito esquisito – estava interessado em ser bem pago por isso. E era esperto na hora de negociar contratos para fornecer quadros. Ele aumentou sua produção (e sua margem de lucro) criando um sistema fabril de assistentes especializados nas diversas fases do processo de produção, como pintar drapejados, por exemplo (ele contratou cinco rapazes de Verona para pintar as cortinas de suas obras). Ticiano foi um dos pioneiros de uma ideia inovadora e profunda: o trabalho podia e devia ser, ao mesmo tempo, algo que amamos fazer e uma fonte de renda razoável. Essa foi uma noção revolucionária que aos poucos se espalhou pelo mundo. Hoje, ela reina suprema, pautando nossas ambições e ajudando a definir as esperanças e frustrações tanto do contador do banco da esquina quanto de um programador de jogos do outro lado do mundo.

Ticiano introduziu um fator complicador na psique moderna. Anteriormente, buscava-se satisfação fazendo ou criando algo de forma amadora, sem esperar dinheiro em troca do próprio esforço; ou se trabalhava por dinheiro e não se dava muita importância a gostar do serviço realizado. Então, a partir da nova ideologia do trabalho, nenhuma das duas coisas, isolada, era mais aceitável. Agora essas duas ambições – dinheiro e realização pessoal –

deveriam se fundir. Em essência, um bom trabalho passou a significar uma ocupação que entrasse em contato com os aspectos mais profundos do eu e pudesse gerar um produto ou serviço que pagasse pelas necessidades materiais do indivíduo. Essa dupla exigência trouxe uma dificuldade específica à vida moderna: temos que perseguir dois ideais muito complicados, que estão longe de se alinhar naturalmente. Precisamos satisfazer a alma e bancar nossa existência material.

É interessante que não foi só em torno do ideal do trabalho que desenvolvemos ambições elevadas que combinam o lado espiritual com o material. Algo muito parecido aconteceu com os relacionamentos. Durante a maior parte da história humana, seria inimaginável supor que se devia amar (e não apenas tolerar) o cônjuge. O objetivo do casamento era inerentemente prático: unir terras adjacentes, encontrar alguém que soubesse ordenhar vacas ou que pudesse gerar uma ninhada de filhos saudáveis. O amor romântico era algo diferente; podia ser experimentado num verão aos 15 anos ou com outra pessoa que não fosse a esposa depois do nascimento do sétimo filho. Então, por volta de 1750, uma crença peculiar começou a ocupar espaço também nessa área. Começamos a nos interessar por outra ideia bastante ambiciosa: a do casamento por amor. Um novo tipo de esperança começou a obcecar as pessoas; talvez, afinal, fosse possível estar casado, admirar o cônjuge e simpatizar com ele ou ela. Em vez de dois projetos distintos – casamento e amor –, surgiu um conceito mais complexo: o casamento por amor.

O mundo moderno é construído em torno de visões esperançosas de como elementos que até então pareciam dissociados (dinheiro e realização criativa; amor e casamento) poderiam se unir. São ideias generosas, de espírito democrático, cheias de otimismo sobre o que podemos realizar e intolerantes na medida certa em relação às antigas formas de sofrimento. Mas, quando tentamos agir a partir delas, também se revelaram catastróficas. Elas nos decepcionam constantemente. Provocam impaciência e sentimentos de paranoia e perseguição. Geram novas e potentes formas de frustração. Julgamos nossa vida por novos critérios ambiciosos que nos fazem sentir eternamente fracassados.

Existe uma complicação extra. Embora nos tenhamos imposto metas tão impressionantes, tendemos a dizer a nós mesmos que, em essência, não é difícil atingi-las. Precisamos apenas seguir nossa intuição, supomos. Encontraremos o relacionamento ideal (que unirá o amor à estabilidade prática do dia a dia) e uma boa carreira (que unirá a meta prática de obter renda à sensação de realização pessoal) *confiando em nossos sentimentos*. Acreditamos que, do nada, um dia experimentaremos um ímpeto emocional único na presença da pessoa certa; ou que sentiremos uma atração genuína por uma carreira que será perfeita para nós. Depositamos uma parcela decisiva de confiança no fenômeno da intuição visceral.

Um sintoma de nossa devoção à intuição é que não reconhecemos de imediato a necessidade de treinamento e instrução para entrar em um relacionamento ou na busca por uma carreira. Partimos do pressuposto, por exemplo, de que as crianças precisarão de muitas horas de aula para se tornarem competentes em matemática ou aprenderem uma língua estrangeira. Está claro para nós que a intuição e a sorte nem sempre levarão a um bom resultado em química. No entanto, acharíamos esquisito se o currículo escolar incluísse aulas diárias, durante anos a fio, sobre como fazer um relacionamento dar certo ou como encontrar um emprego condizente com nossos talentos e interesses. Somos capazes de reconhecer que essas decisões são importantes e fundamentais, mas, por um estranho capricho da história intelectual, passamos a supor que não é possível ensiná-las nem aprendê-las. Elas são essenciais, mas aparentemente acreditamos que a resposta certa surgirá em nosso cérebro na hora certa, como num passe de mágica.

Introdução

O objetivo da The School of Life é corrigir essas suposições cruéis e nos equipar com ideias que permitam realizar melhor as ambições (mas, na verdade, dificílimas) que acalentamos a respeito da vida emocional e profissional.

ii. Até que ponto estamos sozinhos em nossa busca

Vários obstáculos costumam surgir quando procuramos um emprego gratificante. Alguns já foram compreendidos e há instituições estabelecidas para nos ajudar a superá-los.

1. Falta de competência

Sabe-se há tempos que muitos empregos gratificantes exigem uma série específica de habilidades e especializações. Talvez seu emprego exija que você organize os pousos e decolagens de aviões em uma torre de controle ou negocie com clientes asiáticos no idioma deles; talvez precise do conhecimento detalhado da anatomia do ouvido interno ou de informações sobre a resistência do concreto. Assim, surgiram escolas, universidades e institutos técnicos, lugares onde os empecilhos criados pela falta de conhecimentos específicos podem ser resolvidos.

Com o tempo, nos tornamos bons em enfrentar os problemas criados pela falta de competência.

2. Falta de informação sobre oportunidades

Nem sempre foi fácil saber onde estavam os bons empregos. Ao longo de grande parte da história, não havia como descobrir onde procurar trabalho. Talvez você fosse o segurança ideal para uma propriedade a três condados de distância, mas nunca ocuparia esse cargo pelo simples fato de que jamais ficaria sabendo da existência da vaga. Talvez tivesse o temperamento e as qualificações ideais para administrar uma nova tecelagem de algodão, mas, se não conhecesse as pessoas certas, permaneceria para sempre em sua carreira como controlador das comportas do açude. Essa questão decisiva também já foi identificada e solucionada. Inventamos agências de emprego e recrutamento, firmas de *headhunting*, classificados em jornais, sites e aplicativos que nos informam sobre onde há demanda por diversas formas de trabalho.

3. Falta de meta coerente

Um grande obstáculo para encontrar o emprego adequado continua vivo e recebeu muito menos atenção do que os outros dois, mesmo sendo o mais importante de todos: o desafio doloroso de descobrir que tipo de emprego a pessoa adoraria ter e ao qual melhor se ajustaria. Não saber o que se busca é a barreira mais importante das três; se ela não for superada, de nada adiantarão o estudo e as oportunidades do mercado.

É surpreendente que tenhamos feito tão pouco para solucionar esse problema. As escolas e universidades até incentivam os alunos a se reunirem com um orientador para discutir o assunto durante uma hora ou duas; muitos jovens fazem testes vocacionais que indicam opções de carreira adequadas à sua personalidade. Muitos desses testes se baseiam no questionário Myers-Briggs, desenvolvido na primeira metade do século XX.

É bem possível que um teste desses envolva centenas de questões de múltipla escolha; a pessoa terá que classificar ocupações como "trabalhar ao ar livre" e "ajudar os outros em uma loja" numa escala que vai de "nenhum interesse" a "forte interesse". A intenção é positiva. Esses testes buscam identificar nosso tipo de personalidade em um leque clássico de 16 opções, que vão de ISTJ (da sigla inglesa para introversão, com pontos fortes em sensibilidade, raciocínio e capacidade de julgamento) a ENFP (extroversão, com pontos fortes em intuição, sentimento e percepção), e depois nos alinhar com trabalhos em que essas características possam ser valiosas.

No entanto, hoje sabemos que esses exercícios de diagnóstico têm algumas deficiências importantíssimas e interessantes. Eles podem ser bastante extensos – é possível passar até uma hora respondendo às questões –, mas, dado o peso da questão principal (como identificar uma boa carreira), na verdade são muito limitados. Além disso, tendem a ser vagos e neutros nas orientações que oferecem. Podem nos alertar para o fato de que somos muito criativos, mas temos pontuação baixa nos indicadores racionais, ou que poderíamos prosperar em um papel de liderança ou em um cargo que pressuponha contato direto com clientes, mas não indicam os detalhes de nossa capacidade individual específica. É possível sair de um teste como esses tendo diante de nós uma gama muito ampla (e estranha) de opções de carreira: por exemplo, poderíamos tanto trabalhar com animais quanto com números.

Para ter uma ideia de como as medidas atuais são inadequadas, pensemos no que esses testes aconselhariam a indivíduos que tiveram algumas das trajetórias mais brilhantes da história. Suponhamos que Mozart tivesse se submetido ao Myers-Briggs. Depois de apresentar suas respostas, ele talvez tivesse ouvido algo assim: "Você deveria trabalhar com ideias ou projetos criativos. Isso inclui empregos em artes plásticas, artes cênicas, escrita criativa, projetos visuais e áreas que exijam pensamento lateral. Considere também inventividade nos negócios, adaptação ou criação de novos conceitos e funções em situações sem regras estabelecidas. Alguns exemplos: programador visual, consultor de treinamento, promotor de eventos, relações públicas." Isso fica muito longe de *Don Giovanni* ou do Concerto para Clarinete em Lá Maior.

O exemplo absurdo mostra como muitos testes ficam longe de orientar o indivíduo com algum foco ou seriedade. Quanto mais gratificante a carreira, mais os testes atuais parecem incongruentes e ineficazes.

A orientação verdadeiramente útil para a carreira de Mozart teria que ser mais específica. Um teste ideal deveria fazer uma análise minuciosa da essência de sua personalidade, dos pontos fortes e das deficiências, para então oferecer conselhos assim: "Analise a complexidade do contraponto das cantatas do fim do barroco; simplifique-o e amplie seu alcance emocional; tente uma parceria com um libretista astuto, mas de mente filosófica; os resultados indicam que você tem um talento especial para integrar elementos cômicos ou irônicos a situações solenes ou grandiosas. Concentre seu remorso e ansiedade diante da morte na composição de um Réquiem. Meta geral: reorientar o rumo da cultura musical ocidental."

Essas limitações não se restringem ao caso raro dos gênios. Se um teste de aptidão para o trabalho não se aplicasse perfeitamente a 0,1% da população, isso não seria um grande problema. No entanto, uma ideia mais preocupante, ainda que mais exata, é a de que uma quantidade imensa de talento humano de altíssimo calibre permanece sem desenvolvimento adequado devido à falta de orientação e de bons conselhos em momentos cruciais. E isso afeta a todos, mesmo que reconheçamos a deficiência primeiro em casos extremos como o de Mozart. Muita gente passa a vida atormentada pela sensação vaga de que poderia fazer algo capaz de mudar o mundo, embora não consiga identificar o quê ou como. Precisamos desesperadamente de fontes mais ricas de orientação.

O poeta inglês Thomas Gray (1716-1771) costumava meditar sobre o tema melancólico do talento inexplorado contemplando as lápides de trabalhadores rurais no cemitério de uma aldeia. Ele se perguntava quem tinham sido aquelas pessoas e o que, em melhores circunstâncias, poderiam ter se tornado:

Talvez neste lugar jaza desprezado
Um peito que celeste fogo preenchia;
Mão que o cetro do império houvera honrado
E na lira prodígios criaria.

...

Quantas boninas nascem, murcham, no ano,
Florescem no deserto, e ali descoram!

...

Algum Milton inglório e mudo aqui descanse

> Thomas Gray, "Elegia escrita em um cemitério campestre" (1751)

O raciocínio de Gray, expresso com elegância, é profundamente perturbador e, em certo sentido, terrível: com as oportunidades e orientações corretas, pessoas consideradas ordinárias são capazes de oferecer grandes contribuições à vida.

Hoje, os obstáculos não se limitam à falta de instrução ou à incapacidade de identificar onde pode haver oportunidades; há também o fracasso em obter análises precisas sobre nossa capacidade e orientações para desenvolvê-la. Esse é o ideal a ser perseguido, mas os testes atuais de diagnóstico de carreira ainda estão longe disso.

Um problema dos testes vocacionais de hoje é que eles se apegam rigidamente a trabalhos que já existem. Não que isso seja uma surpresa, pois surgiram em uma época na qual o mercado era relativamente estável e, em geral, as opções de carreira estavam bem definidas. Hoje, porém, é possível que o tipo de trabalho mais condizente com alguém (e que faria aquela pessoa amar o que faz) ainda não exista. Pode-se ter um grande potencial para uma atividade que ainda não foi inventada.

Se em 1925, aos 36 anos, James O. McKinsey fizesse o recém-inventado teste de Myers-Briggs, este revelaria sua forte aptidão intelectual para resolver problemas. As sugestões de emprego poderiam se concentrar na área acadêmica (de fato, ele acabara de ser nomeado professor) ou na indústria. O teste, porém, não o orientaria para a atividade na qual, tempos depois, ele se revelaria notável: integrar os dois; não lhe sugeriria que procurasse um novo tipo de trabalho, ainda sem nome. McKinsey teria que descobrir sozinho. Felizmente, tudo deu certo para ele; no ano seguinte, fundou a McKinsey & Company e deu início à ideia de criar uma assessoria administrativa, que (em seus melhores momentos, ainda que nem sempre) une de forma útil a pesquisa e a tomada prática de decisões. Sem querer, testes como o de Myers-Briggs, com suas recomendações de emprego ideal baseadas em categorias existentes, nos afastam do caminho que, na verdade, talvez seja o mais interessante a seguir.

Não deveríamos nos culpar pela confusão. Nossa cultura coloca diante de nós um problema diabólico: jura que existem trabalhos gratificantes e, ao mesmo tempo, não nos prepara para descobrir nossas aptidões e nossos gostos. O propósito deste livro é ajudar a corrigir um problema importantíssimo que corrói nossa vida em silêncio e esmaga nossas legítimas esperanças.

1
Obstáculos para a definição de metas

i. O "mito da vocação"

A dificuldade para definir uma meta profissional pode ser grande e generalizada, mas o fato é que, hoje em dia, o assunto recebe uma pequena parte da consideração extensa e meticulosa que merece. Na verdade, tendemos a classificar a dúvida a respeito da carreira como um defeito meio vergonhoso que lança uma luz negativa sobre quem a tem. A dúvida logo é tomada como sintoma de que a pessoa é confusa e pouco prática; talvez demasiado exigente ou difícil de agradar. Haverá quem pense que é uma consequência de ter sido mimado ("você deveria agradecer por ter um emprego") ou um indício perturbador de falta de dedicação ou de inconstância. Chegamos a essas avaliações bastante duras porque ainda estamos enfeitiçados por uma ideia importante, quase sempre venenosa, que podemos chamar de "mito da vocação".

Esse mito se originou em torno de determinadas experiências religiosas, que, embora raras, eram consideradas extremamente impressionantes e significativas – e receberam um grau desproporcional de publicidade na história do Ocidente. Nesses momentos, um indivíduo era chamado por Deus – que às vezes falava por meio de um anjo, outras diretamente, através das nuvens – e instruído a dedicar a vida a um aspecto da causa divina.

Há uma história que vale a pena contar sobre o filósofo Santo Agostinho (354-430). No meio da vida, ele mudou de profissão sob orientação divina e passou de professor pagão de literatura a bispo católico. Foi uma imensa guinada de carreira, mas Agostinho não precisou decidir sozinho. Em 386 d.C., ele estava em Milão e, certo dia, durante um passeio, ouviu uma criança cantar uma bela canção desconhecida. O refrão dizia: "Pegue, pegue", e ele entendeu isso como uma ordem de Deus. Agostinho deveria pegar uma Bíblia e ler o primeiro trecho em que pousasse os olhos. O trecho que leu o exortava a mudar de vida e tornar-se o personagem que conhecemos hoje, o grande pensador e clérigo católico.

Por mais que a história de Santo Agostinho esteja vinculada à teologia católica, secularizamos esses relatos quase sem perceber. Também nos comportamos como se, em algum momento, pudéssemos ouvir uma ordem divina nos indicando o propósito de nossa vida.

Como costuma acontecer, isso começou com os artistas. Até o Renascimento, ser artista era apenas um trabalho como outro qualquer, quase sempre algo que o pai ou o tio também faziam. Não havia grande diferença entre ser pintor ou escultor e fazer sapatos ou arreios para cavalos; tratava-se apenas de um ofício especializado e útil que, com o tempo, qualquer indivíduo dedicado que passasse pelo treinamento correto desempenharia bem. Então, inspirando-se nas histórias religiosas, os artistas começaram a se ver como "chamados" pelo destino a realizar um trabalho específico. Algo dentro deles os empurrava para a arte. Michelangelo (1475-1564) foi o exemplo mais extremado dessa atitude; para ele, sua alma exigia que pintasse afrescos no teto e cinzelasse blocos de mármore. Mesmo que tivesse vontade de parar, isso trairia sua vocação.

A ideia de vocação aparece na biografia de muitas personalidades importantes. Aprendemos, por exemplo, que a cientista polonesa Marie Curie (1867-1934) sabia desde os 15 anos que sua vida deveria ser dedicada à pesquisa científica. Ela lutou com determinação contra todas as dificuldades do caminho: não tinha dinheiro e, quando estudante, quase morreu congelada num inverno; chegava com frequência a desmaiar de fome. Mas finalmente triunfou e ganhou dois prêmios Nobel, o primeiro em 1903 pelo trabalho com raios X e o segundo em 1911 pela descoberta do rádio e do polônio.

Todos esses casos contribuíram para alimentar a ideia de que ter vocação era um sinal seguro de que a pessoa estava destinada a grandes feitos. Da mesma forma, não ter vocação passou a ser, além de infortúnio, uma marca de inferioridade. Entramos em pânico por não termos um caminho em mente. Também nos sentimos desanimados, porque nossa ignorância é a prova de que qualquer caminho que tomemos será, obrigatoriamente, insignificante.

O pior é que, com o tempo, "encontrar a própria vocação" passou a ser considerado uma descoberta que todos nós deveríamos ser capazes de fazer, e em um curto espaço de tempo. E essa descoberta viria (graças aos antecedentes religiosos e artísticos) de modo totalmente passivo: bastaria esperar o momento de revelação, o equivalente moderno de uma trovoada ou uma voz divina, uma ânsia íntima ou uma intuição que nos empurraria para a carreira de podólogo ou de gestor da cadeia de suprimentos.

Um reflexo pequeno, mas significativo, dessa atitude talvez se deva ao hábito de perguntarmos, até a crianças muito pequenas, o que querem ser quando crescerem. Há uma suposição tênue, porém reveladora, de que, entre as opções imaginadas pela criança (jogador de futebol, guarda do zoológico, astronauta, etc.) estarão presentes as primeiras articulações da importantíssima voz interior que anunciará o verdadeiro destino daquela pessoinha. Não vemos nada de estranho em querer que uma criança de 5 anos e meio entenda o papel que deverá ocupar no mercado de trabalho adulto.

Tudo isso ajuda a explicar o relativo silêncio da sociedade em torno do desafio de descobrir o que se quer fazer. Chega a ser comum que amigos e familiares bem-intencionados aconselhem à pessoa indecisa que simplesmente espere: algum dia, ela saberá.

É claro que, ao contrário do que indica essa noção infeliz e opressora de vocação, é sensato, e até saudável, não saber quais são os próprios talentos nem como aplicá-los. A natureza de cada indivíduo é extremamente complexa, e é complicado definir em detalhes as habilidades de cada um. Considere ainda que as necessidades do mundo estão em constante transformação, e a conclusão natural é esta: descobrir o encaixe ideal entre uma pessoa e um emprego é um desafio essencial e legítimo que exige profunda reflexão, exploração de possibilidades e ajuda equilibrada. Pode exigir anos da nossa atenção. É absolutamente sensato não saber que trabalho se deve realizar. E, muitas vezes, é de fato um grande sinal de maturidade reconhecer que não sabemos, em vez de sofrer ainda mais sob a suposição agressiva de que deveríamos saber.

ii. A imprecisão da mente

Mesmo quando aceitamos que descobrir o que fazer exigirá muito de nós durante muitos anos, enfrentamos outro problema ainda mais indecifrável: o desconhecimento sobre a natureza de nossa própria mente.

Nosso cérebro é muito mal equipado para interpretar e entender a si mesmo. Não adianta apenas nos indagarmos o que queremos fazer da nossa vida profissional – não é tão simples quanto perguntar o que gostaríamos de comer no jantar. Quando tentamos examinar esse "nós", ele se retrai, se cala e se fragmenta. No máximo, nossa mente mais profunda envia mensagens desconexas sobre algo que nos atrai ou nos apavora. Talvez nos surpreendamos dizendo: "Quero fazer algo criativo" ou "Não quero dedicar minha vida a uma grande empresa"; "Gostaria de fazer a diferença" ou "Quero um trabalho significativo".

Essas aspirações podem ser sensatas, mas são tão indefinidas que chegam a ser temerárias. A possi-

Obstáculos para a definição de metas

bilidade de construir uma carreira com base nelas pode suscitar pânico; afinal, não ter um plano sólido nos deixa à mercê dos planos dos outros.

Nossa tendência natural é culpar a nós mesmos e à nossa mente, que parece tão obtusa. Mas essa incapacidade não é única; simplesmente enfrentamos, em um momento muito estressante, um problema básico do órgão do pensamento humano. A mente não oferece respostas a perguntas diretas com muita facilidade. As mesmas respostas fragmentadas surgiriam se alguém nos indagasse o que é o amor ou em que consiste a amizade. Talvez nos sentíssemos confusos. Provavelmente seríamos incapazes de apresentar análises razoáveis, apesar de um fato essencial e extraordinário: como estamos cercados de exemplos de amor e amizade, em algum lugar dentro de nós guardamos muitas ideias sobre a natureza desses sentimentos.

Já dispomos de farta referência para conceber ideias extensas e muito argutas. Experimentamos muitas sensações e impressões passageiras; já passamos por situações boas e más que poderiam alimentar respostas profundas. Porém, de algum modo, nossas experiências são facilmente impedidas de se combinarem numa resposta objetiva. O problema é que, com muita frequência, nossas ideias ficam desorganizadas na mente. Não conseguimos coletá-las, peneirá-las e observar sua evolução e as conexões entre elas; não tivemos tempo nem estímulo para refletir sobre o que cada uma delas nos diz e como todas se relacionam. Ainda assim, se nos sentíssemos mais habilitados e confiantes em termos intelectuais, todos teríamos a capacidade de chegar a pontos de vista de valor superlativo (afinal, as pessoas que chamamos de grandes escritores são apenas as que souberam manipular suas "redes de pesca" para capturar seus pensamentos mais esvoaçantes, aéreos e tímidos).

Há muitas coisas que já sabemos sem nos dar conta disso, porque não fomos treinados na arte de recolher e interpretar nossas experiências. Como é uma cidade bonita? O que seriam férias ideais? Como flui uma boa conversa? As perguntas podem intimidar, mas a verdade é que já temos respostas para elas; todos nós guardamos, em algum lugar da memória, lembranças agradáveis de caminhar pelas ruas de uma capital, de perceber que nossos sentidos se abrem quando mudamos de ambiente, de observar como nos tornamos mais simpáticos à mesa com amigos. A crença de que não sabemos é um mero sintoma da tendência sistemática de subvalorizar nossa capacidade. Com regularidade comovente, desdenhamos o fato de já termos dentro de nós o poder de abordar os temas grandiosos da vida.

Em vez disso, por medo e por hábito, damos as costas à exploração interior e optamos por lugares-comuns que, desconfiamos, não farão jus a nossas impressões. Intuímos que nossos sentimentos reais estão escondidos em algum lugar, disfarçados em um formato pré-verbal; ainda assim, torcemos para que o questionador nos deixe em paz e vá atormentar outra pessoa.

Assim, em última análise, não há nada muito especial (e, portanto, nada muito preocupante) na nossa incapacidade de dar uma resposta direta ou clara a perguntas sobre o que queremos fazer da nossa vida profissional. É apenas mais uma manifestação do músculo autorreflexivo de nossa mente, injustamente fraco e pouco confiante.

Como a mente acha difícil produzir planos de carreira, embora provavelmente já disponha de informações para isso, deveríamos nos dedicar, sem pressa, a coletar conscientemente indícios relevantes, organizá-los em uma biblioteca, refletir sobre eles, analisá-los e assegurar que pensamentos vagos e impressões sensoriais passageiras possam, um dia, transformar-se em propostas claras. Talvez essa seja uma tarefa complexa (vamos tratar disso mais à frente), mas, para começar, o principal obstáculo é o sentimento melancólico de que agir assim seria estranho e desnecessário. A busca pela compreensão de nossa persona profissional deve começar com o reconhecimento básico da imprecisão natural e da suscetibilidade intelectual da mente – sem cair na armadilha de imaginar que nossas inclinações mentais furtivas são vergonhosas ou indicam alguma fraqueza individual.

Ao abordar a questão de qual poderia ser o nosso trabalho, deveríamos confiar e acreditar que boa parte de uma resposta sensata já está dentro de nós. Mas não adianta tentar chegar depressa demais à conclusão, porque, em geral, os dados que poderiam contribuir para essa resposta não foram avaliados direito nem classificados internamente. Eles desconhecem sua própria natureza, bem como seu potencial para nos orientar, portanto necessitam ser desemaranhados das teias do erro e do esquecimento.

Precisamos de paciência para confiar que já colhemos muitas informações e experiências relevantes para determinar que tipo de trabalho devemos fazer, mas que elas se apresentam com disfarces que não reconheceremos nem entenderemos de primeira. Uma vez presentes, essas informações podem estar escondidas em excelentes indicadores de aptidão profissional: as sensações únicas de prazer, entusiasmo ou desagrado em relação a tarefas e desafios menores, que podem parecer não ter nada a ver com um emprego remunerado.

Paradoxalmente, nossas ideias anteriores sobre o trabalho em geral se mostram inúteis para nos guiar até um novo emprego mais gratificante. Afinal, buscamos um trabalho que possamos amar, não um que já fizemos antes – portanto, precisamos conhecer bastante bem o que amamos e a razão por que amamos antes de acelerar rumo à formulação de um plano de carreira. Um bom ponto de partida talvez seja aquele repositório de ideias aleatórias sobre a carreira: a infância. Naqueles longos anos, quando foi que sentimos um frio na barriga de empolgação? Deixemos que nossa mente relaxe, procurando os menores detalhes, mesmo que pareçam insignificantes. Talvez você achasse uma delícia se deitar no chão do quarto da casa antiga (lá pelos 8 anos), cortando tiras de papel de um bloco colorido e arrumando-as de maneira alternada. Ou desenhar linhas retas em uma folha de papel em branco. Talvez houvesse um suéter de que você gostava muito, com círculos amarelos na frente; ou adorasse correr no jardim de um hotel onde se hospedava com a família; ou achasse maravilhoso quando seu quarto ficava muito arrumado. Na escola, talvez você detestasse quando tinha que fazer um trabalho em grupo e caía com um colega que não aceitava suas ideias sobre o tamanho e o formato da apresentação ou a ordem dos slides. Ou se irritasse com o penteado muito certinho de algumas pessoas. Talvez se lembrasse com carinho daquela conversa incrível com um amigo sobre uma ilha deserta de fantasia.

Nessas lembranças, damos atenção a incidentes-chave na história de nossos sentimentos íntimos. Alguma coisa, talvez nem saibamos direito o quê, nos parece maravilhosa ou angustiante. Esses fragmentos muito modestos dão pistas de tendências importantes de nossa natureza que ainda podem estar ativas dentro de nós, mas não em nível operacional. Teremos que avançar lentamente. Pode levar muitos meses de reflexão cuidadosa para descobrir e definir alguns ingredientes centrais de nosso caráter que, finalmente, sirvam de orientações importantes para uma boa vida profissional.

Não é apenas o passado que precisamos investigar. Devemos também começar a coletar e analisar nossas sensações no presente. Como a mente é muito propensa a apagar episódios autobiográficos em um intervalo de horas, ajudaria ter um caderno à mão para capturar sentimentos e voltar a eles depois, na tentativa de criar conexões com outras experiências que registramos. A ideia aqui é avançar com a paciência de um ornitólogo deitado na grama na esperança de avistar o acasalamento de uma rara ave migratória.

Talvez os pioneiros mais hábeis nesse método meticuloso de coleta de dados tenham sido os escritores. Quase todos mantinham cadernos, não por causa do que sentiam (sentimentos e sensações constantes são universais), mas porque valorizavam seus pensamentos aparentemente insignificantes – e tinham consciência da tendência amnésica do cérebro.

O grande romancista francês Honoré de Balzac (1799-1850) era um escritor inveterado de cadernos. Tinha verdadeiro fascínio pelo caráter humano, principalmente pelo modo como os movimentos físicos e as expressões das pessoas revelam dados fundamentais de sua personalidade. Com esse foco, tornou-se um observador permanente dos maneirismos daqueles que via nas ruas de Paris ou encontrava em jantares e escritórios. Em seus cadernos há anotações como estas:

"Seus movimentos não são igualmente distribuídos em toda a sua pessoa; ela avança em um bloco único a cada passo, como a estátua."

"Ele anda como um déspota: uma sugestão ameaçadora de segurança e força nos menores movimentos."

"Um movimento brusco trai um vício."

"Pelo jeito como anda por aí, essa mulher pode alardear tudo sem revelar nada."

Mas Balzac não parou por aí. Na verdade, essas observações só ganhavam real valor quando ele descobria onde poderiam ser úteis. No caso, isso significava encontrar um lugar para elas em suas histórias. Embora essa preocupação pareça específica, ele descobriu uma tarefa que, na prática, é de todos. Também precisamos capturar e analisar nossas sensações, construindo a partir de mil pistas diferentes o arcabouço que dará origem não a uma obra de ficção, mas a algo muito mais importante: o tecido de nossa futura vida profissional.

Exercício

A ideia de descobrir a própria vocação sugere que já deveríamos saber qual é o emprego certo para nós. Um ponto de partida mais promissor, porém, é admitir que, na verdade, não sabemos.

O desafio é retomar o contato com nossos desejos autênticos. Por mais estranho que pareça, é comum encontrá-los em uma parte da vida na qual praticamente não pensávamos em trabalho: a infância. Esse é um bom ponto de partida porque, na época, explorávamos o mundo sem muitos dos elementos que, adquiridos mais tarde, inibem ou distorcem nossos interesses. Quando crianças, não pensávamos em status, dinheiro nem se éramos bons no que fazíamos. Portanto, pode ser útil investigar os momentos de prazer da infância.

1º passo
Recorde três coisas que você gostava de fazer quando criança.
- Descreva os lugares onde costumava brincar.
- Como era estar em seu quarto em um dia de chuva, no jardim ou no quintal?
- O que você fazia nessas ocasiões?

2º passo
Escreva algumas linhas sobre cada uma das três atividades.

Por exemplo: "Eu costumava construir um forte de Lego. Ficava sentado no meio da sala e organizava todas as peças antes de começar." Ou: "Costumava fingir que era o comandante de um avião em pleno ar; levava comida da cozinha para meu quarto, arrumava os bichos de pelúcia na 'aeronave' e falava com os 'passageiros' como se fosse o comandante."

3º passo

Imagine que precise explicar a alguém por que adorava fazer isso. Feche os olhos e relembre como era. Descreva os melhores momentos.

O que eu mais gostava era:
- quando as peças estavam todas arrumadas;
- quando todos os bichos de pelúcia tinham sido "alimentados";
- quando pulávamos na piscina;
- quando eu dava instruções aos passageiros.

Agora reflita sobre esses momentos e tente descobrir por que eles eram tão prazerosos.

Eu gostava disso porque:
- criar ordem no mundo é satisfatório;
- é muito bom deixar um animal feliz;
- eu me sentia seguro junto dos meus amigos;
- eu gostava de me sentir no comando.

4º passo

Elabore melhor as respostas, de modo que elas descrevam suas inclinações:
- Sou alguém que gosta de... organizar as coisas.
- Sou alguém que gosta de... fazer os outros felizes.
- Sou alguém que gosta de... trabalhar em equipe.
- Sou alguém que gosta de... estar no comando.

> Quando somos crianças, não analisamos nossos prazeres, mas, em geral, é somente nessa fase que temos uma noção intensa e direta deles. Então entramos no deserto da adolescência, quando a brincadeira tende a se subordinar à busca de sucesso social – e, finalmente, às razões econômicas. Quando chegamos à idade adulta, o que realmente nos agrada já foi lá para o fim da lista de prioridades.
>
> Deveríamos repetir esse exercício com outras lembranças da infância. Ele nos ajuda a sermos mais específicos a respeito do que gostávamos quando podíamos brincar apenas do jeito que queríamos. Assim, é possível identificar o que nos traz alegria e, portanto, qual trabalho poderia nos satisfazer. É quase inevitável que, de maneira sutil e indireta, porém fundamental, o emprego satisfatório evoque prazeres já conhecidos na infância.

Até aqui, coletamos sentimentos. Mas há um passo seguinte: precisamos conectar e generalizar esses sentimentos de dentro para fora, tendo em mente que suas consequências quase sempre são indiretas. Por exemplo, não deveríamos imaginar que o prazer de ler uma revista signifique que temos que trabalhar em uma revista. Nossa satisfação merece um exame mais atento para revelar de maneira exata a variedade real de opções diante de nós. Quando recebem a atenção adequada, as sensações desencadeadas pela leitura de revistas costumam conter pistas do interesse em carreiras que vão bem além das publicações. Pode ser que nos sintamos atraídos pelo tipo de papel, pelas fotografias ou pelas cartas dos leitores, ou talvez pela energia presente na mensagem do editor, que promete compensar uma falha de nossa personalidade. Esses prazeres podem ter emergido durante a leitura da revista, mas não estão necessariamente ligados a ela. Nossa análise inicial pode passar por cima da real importância de nossas sensações e nos levar a direções falsas. Embora informações relevantes para nos guiar tenham vindo à tona durante a leitura de revistas, na verdade, se filtrados corretamente, nossos sentimentos podem nos levar a carreiras que não têm nada a ver com publicações; podemos nos dar bem em uma gráfica de papéis timbrados, em uma clínica de psicoterapia ou em um escritório de desenho industrial.

Está aí um bom motivo para evitarmos considerar empregos específicos, concentrando nossa atenção nas qualidades inerentes a cada um deles. Não deveríamos tirar conclusões apressadas sobre ser "programador visual" ou "professor", e sim investigar ao máximo os prazeres de cada emprego, representados por palavras como ordem, liderança, significado, calma, espírito de equipe.

Nesse momento, é preciso invocar a ideia de um diálogo interior; um lado da mente deve interrogar o outro, de forma generosa, mas insistente. O eu observador deve perguntar ao eu que vive o cotidiano: "Então você achou isso legal. O que há de fato na experiência que o agradou? Não foi tudo; foi algo mais específico. Pode dar detalhes?" O eu do cotidiano talvez responda: "Não sei, não tenho certeza. Mas foi uma delícia." Então o eu observador pode insistir: "Tente outra vez. Tudo bem não ter certeza; experimentemos uma nova abordagem. Na outra vez houve algo parecido, mas não exatamente igual. Lembra? E se as compararmos?" Aos poucos, as pistas iniciais deixam entrever o que realmente nos deixou felizes ou nervosos naquela situação – e assim nos aproximam um pouco mais de entender quem podemos e, idealmente, deveríamos ser no trabalho.

Não são apenas as sensações agradáveis que contêm pistas do futuro. A inveja também é um guia vital, embora isso possa parecer surpreendente. A vergonha é a reação natural a esse sentimento. Porém, sentir vergonha de nossos momentos de inveja traz o risco de reprimi-los – e, portanto, de perder a oportunidade de tirar deles algumas lições importantíssimas. Embora a inveja seja desconfortável, enfrentá-la de peito aberto é um requisito indispensável para determinar nossos rumos profissionais. Ela nos convoca a agir e não deveria ser ignorada, pois contém mensagens distorcidas enviadas por partes confusas, mas importantes, de nossa personalidade sobre o que devemos fazer pelo resto da vida. Se não sentíssemos inveja de tempos em tempos, não saberíamos o que queremos ser. Em vez de reprimi-la, deveríamos nos esforçar ao máximo para estudá-la. Cada pessoa que invejamos guarda uma peça do quebra-cabeça que mostra nosso futuro possível. Há um retrato do "verdadeiro eu" esperando para ser construído a partir das pistas que recebemos quando lemos em uma revista ou ouvimos no rádio notícias sobre a mudança de carreira de antigos colegas de escola. Em vez de fugir dessa emoção, deveríamos, com calma, fazer uma pergunta essencial e redentora a respeito de todos os que invejamos: "O que posso aprender aqui?"

Mesmo quando escutamos nossa inveja, é comum que nos fechemos ao que ela poderia nos ensinar. Começamos a invejar tudo em determinados indivíduos, mas, se dedicássemos um instante a analisar a vida deles, perceberíamos que só uma pequena parte do que fizeram realmente reverbera dentro de nós e que isso deveria guiar nossos próximos passos. Talvez não desejemos a vida do dono do restaurante como um todo, mas gostaríamos de ser hábeis como ele em fazer um negócio dar certo. Talvez não queiramos ser ceramistas, mas podemos precisar, na vida profissional, da leveza e criatividade características do trabalho de alguém que conhecemos. Corremos o risco de esquecer que as qualidades que admiramos não pertencem apenas a uma vida específica. Elas podem estar presentes, em doses menores e menos intensas (mas ainda assim reais), em incontáveis lugares, permitindo que criemos versões mais verdadeiras e administráveis da vida que desejamos.

Exercício
Nem sempre pensamos na inveja como um sentimento produtivo. Porém, cada vez que invejamos alguma coisa, temos a oportunidade de aprender o que, de fato, nos atrai lá no fundo. Quando investigamos nossa inveja com profundidade, podemos identificar o que achamos que nos falta e, com isso em mente, refletir sobre o que devemos buscar.

1º passo
Pense em uma pessoa de quem você tem inveja. Faça uma lista das características dela que são admiráveis.

Por exemplo:
- fala com confiança, é bem-sucedida, tem ideias próprias, é rica;
- é boa ouvinte, inteligente, amada por muitos, convive com pessoas fascinantes;
- sua mente é organizada, tem bom senso, toma decisões bem pensadas;
- trabalha muito, assume riscos, não tem medo de ser exigente, age com ética.

Agora, pergunte a si mesmo o que o atrai nessa pessoa. É tudo o que está na sua lista ou algumas características se destacam e provocam em você inveja e desejo?

2º passo
Depois de identificar as características específicas que inveja, pergunte-se como inseri-las na sua vida. Você consegue imaginar que não é essa pessoa, mas, mesmo assim, tem as características que admira nela (riqueza, coragem para correr riscos, mente organizada)? Pode ser que as tenha em grau menor, pelo menos a princípio. Mas pense em como seria sua vida se acrescentasse esses elementos. Depois, considere os primeiros passos práticos que pode dar nessa direção.

Nossa vida é repleta de momentos de angústia e satisfação que parecem insignificantes. No entanto, temos de aprender a extrair ideias escondidas neles. Depois de constatar como nossa mente é difusa – e como é naturalmente complicado obter respostas a questões complexas, mas importantíssimas, sobre o futuro –, podemos descortinar um novo ponto de vista. Aos poucos, compreendemos que pesquisar o que faremos no mundo do trabalho é um processo demorado, com muitas etapas, e que a insistência em obter uma resposta imediata pode ser algo desastroso; compreendemos também que descobrir mais precisamente o que deveríamos fazer em nosso breve período na Terra é uma tarefa magnífica, delicada e nobre.

Exercício

Às vezes, nossos pensamentos sobre o tipo de trabalho que talvez gostemos de realizar são muito genéricos.

Podemos encontrar reflexões como:

- Gostaria de fazer algo criativo.
- Viajar um pouco seria bom.
- Quero ganhar dinheiro.
- Seria ótimo prestar consultoria, mas tenho medo de que seja chato.

- Talvez trabalhar por um tempo em uma revista seja divertido.
- Entrar na política? Ou é maluquice?
- Não gosto que mandem em mim.
- Tenho interesse em trabalhar pelos direitos civis.
- Gosto muito de um apresentador de rádio...

1º passo
Faça sua lista sem nenhuma regra. Permita-se ser confuso, sonhador e fantasioso.

2º passo
Sem entrar em pânico, observe até que ponto a lista é difusa. Mesmo que as origens de suas decisões profissionais pareçam estranhas, não se envergonhe delas. Tudo bem que essas primeiras ideias venham em fragmentos e sejam dispersas e sem foco.

3º passo
Por trás de cada item de sua lista estão o que chamamos de pontos de entusiasmo – experiências que deram origem a essas ideias. Pode haver imagens ou cenas específicas que vêm à mente quando você analisa cada possibilidade. Por exemplo, quando pensa em entrar na "política", você se vê fazendo um discurso – uma

imagem ligada a uma reportagem que já viu sobre o parlamento.

Identifique as experiências mais importantes ou as imagens mentais conectadas a cada item de sua lista. Alguns pontos de entusiasmo podem parecer muito esquisitos, pequenos e até fetichistas. Mas continue com eles.

Exemplos:

- Fui à exposição de Matisse e vi um filme dele cortando tiras de papel.
- Achei muito legal como Bill e Melinda Gates usaram os mosquiteiros para combater a malária na África.
- Li sobre uma mansão que tinha um cozinheiro residente e achei que aquela vida devia ser demais.
- Em meu país, muitas crianças não têm quem cuide delas.
- Naquele documentário sobre a *Vogue*, as pessoas pareciam tão interessantes, tão diferentes dos meus pais.
- Adorei visitar Haia e conhecer um condomínio de grandes casas com tijolos aparentes.
- Fico pensando em como seria viajar com uma equipe glamorosa, ter carro à espera no aeroporto e assessorar presidentes executivos de grandes empresas.

4º passo

Um salto mental comum é rotular nossos interesses de maneira equivocada. Muitas vezes, tiramos algumas conclusões importantes a partir de bases muito frágeis.

- Você pode dizer ao mundo que deseja um emprego em uma consultoria, mas a verdade é que se empolga com a ideia de pagar refeições com cartão corporativo e ter um carro à espera para buscá-lo no aeroporto. O interesse real está mal rotulado.
- Você diz aos outros e a si mesmo que quer trabalhar em uma revista, mas seu interesse real é mais específico e idiossincrático: você se empolgou com o glamour que viu em um documentário sobre revistas de moda, mas esse glamour está disponível em muitos outros lugares além de uma revista.

Compare as listas que fez no 3º Passo e no 1º Passo. Veja as conclusões que tirou a partir de sua imaginação e das experiências iniciais. Procure rotulagens erradas.

5º passo

Uma omissão comum que cometemos é não analisar o entusiasmo ou estímulo original.

Deixamos de articular com precisão o ponto em que estamos interessados.

- Você sonha com uma carreira de locutor de rádio (semelhante à de seu ídolo), mas o que realmente desperta o entusiasmo? Na verdade, o que você ama é poder conversar com as pessoas e a busca pela sabedoria sobre como viver bem, que é o tema do programa daquele apresentador. Isso não necessariamente tem a ver com rádio.
- Você sente que muitas crianças não são bem cuidadas; ficou muito comovido e aflito após assistir a um documentário a respeito disso. Quando investiga o que de fato provoca esse sentimento, você percebe que gostaria que as pessoas recebessem a ajuda adequada para construir bons relacionamentos, preocupação que faz sentido em muitos campos de trabalho.

Revise sua lista de imagens e experiências subjacentes e descreva com mais detalhes o que elas significam para você. Por que ficou comovido ou entusiasmado dessa maneira? Articule com mais precisão o que é importante em cada caso.

Conclusão
Quando conhecemos melhor nossos interesses, pode acontecer de revisarmos nossas primeiras

ideias sobre o que gostaríamos de fazer – e às vezes as abandonarmos. Do mesmo modo, a tarefa de analisar nossas experiências e imagens mentais pode nos ajudar a definir o que realmente queremos. Esclarecer o que nos motiva pode nos levar a direções novas e melhores.

2
Os pontos de prazer no trabalho

i. Identifique o que você ama

Sabemos que, em teoria, o trabalho pode ser agradável, mas raramente somos estimulados a isolar e analisar o que se pode chamar de "pontos de prazer" característicos de empregos diferentes. De maneira genérica, acreditamos que pode ser interessante trabalhar (digamos) como piloto, gerenciar um hotel, ser veterinário ou apresentar programas de televisão, mas ficamos tímidos na hora de procurar as fontes específicas de prazer em cada uma dessas ocupações. Reconhecemos que nem mesmo os melhores empregos podem ser estimulantes o tempo todo e que haverá dias de tédio e frustração. No entanto, se algum emprego conseguir nos envolver o suficiente, isso provavelmente ocorrerá porque ele nos proporciona alguns momentos específicos de alta gratificação – e que estão em sincronia com aspectos centrais de nossa personalidade.

Para nós, é incomum dissecar empregos em busca desses pontos de prazer ou investigar nossa sensibilidade a diferentes funções. De modo geral, compreendemos bem o que os outros fazem, mas não tanto o que, em teoria, há de bom em determinadas ocupações. Devido a esse silêncio, talvez achemos difícil avaliar o que combinará melhor com o nosso gosto profissional.

Quais são os pontos de prazer a que somos mais receptivos? Esta talvez seja a primeira pergunta a se fazer, para só então pesquisar o mercado de trabalho em busca de onde esses prazeres estarão. Por mais especializado que seja um emprego, os pontos de prazer que ele gera tendem a se encaixar em algumas categorias. Quando deixamos de nos concentrar em salário e requisitos técnicos, que são aspectos externos, qualquer emprego pode se transformar em uma constelação única de pontos de satisfação.

A tarefa parece complicada porque ainda não desenvolvemos um vocabulário do prazer. No entanto, se fôssemos começar a esboçá-lo, chegaríamos a uma lista de pelo menos doze fatores para explicar o que passa pela cabeça das pessoas quando, de maneira superficial, dizem que "amam" seu trabalho.

Nenhum emprego reunirá todos os doze pontos de prazer nem os oferecerá em igual medida. Portanto, para conhecer a própria identidade profissional, é vital determinar sua hierarquia da satisfação. Quando lemos uma lista de pontos de prazer, percebemos que algumas opções falam muito mais ao nosso coração do que outras. Então podemos começar a classificá-las em ordem de preferência. Nosso gosto pode nos surpreender. Temas inesperados podem vir à tona, reorganizando as prioridades. Ao analisar nossas reações diante dos diversos pontos de prazer, teremos material para construir nosso modelo particular do que procurar no emprego que, algum dia, possamos vir a amar.

OS DOZE PONTOS DE PRAZER DO TRABALHO

1. O prazer de ganhar dinheiro

- Você adorou aquela vez, quando tinha 9 anos, que fez biscoitos para vender em uma barraquinha e obteve lucro; não era tanto o dinheiro, mas o entusiasmo de ver que as pessoas de fato gostavam do que você tinha feito e demonstravam isso oferecendo em troca algo indiscutivelmente valioso. Na vez seguinte, você cobriu os biscoitos com glacê colorido, e foi fascinante ver quais cores atraíam as pessoas ou não. Você aprendeu, e isso o tornou confiante.

- Você se empolga quando adivinha o que os outros desejam – embora não seja apenas adivinhação, é claro, e sim o fato de estar sempre atento aos pequenos sinais reveladores que as pessoas emitem sem perceber. Você ama o lucro porque, sob vários aspectos, ele é uma conquista da psicologia: uma recompensa por antecipar a necessidade dos outros antes da concorrência.

- Você anda pelo mundo atento a tudo o que pode ser alterado; quando caminha pela rua, pensa: "Aquele prédio decadente podia ser demolido para dar lugar a um belo conjunto de prédios mais modernos." Você nota uma pilha de caixas de papelão à espera do caminhão da reciclagem e pensa: "Não haverá outro uso para elas?" Para você, toda ineficiência pode gerar um novo negócio.

- Você considera que o fato de ganhar dinheiro é um endosso de suas ideias e seus talentos; adora constatar que os lucros deste ano, maiores do que os do ano passado, confirmam que você estava certo sobre uma variedade de pequenas decisões que tomou ao longo de meses. É a prova mais clara da sensatez de sua avaliação.

- Nem todo mundo entende, mas, para você, ganhar dinheiro é um prazer intelectual. Você gosta de entender as necessidades dos clientes melhor do que eles próprios; gosta de encontrar a solução de um problema antes que os outros tenham sequer percebido que há um problema a resolver.

- Você aprecia a ideia de que ganhar dinheiro está ligado a um conjunto de virtudes práticas: trabalho árduo, eficiência, disciplina, sagacidade.

- Você sabe que é bom ter algum dinheiro (é agradável dirigir um carro novo e potente e possuir recursos para comprar uma obra de arte na exposição de um amigo), mas tem clareza de que esse não é um prazer do trabalho; é um prazer que vem como consequência dele. O que você gosta em seu emprego é o processo de gerar lucro por meio da aplicação de suas ideias para resolver os problemas do mundo.

2. O prazer da beleza
- Você gosta da mesa bem-arrumada: do modo como um copo d'água elegante se harmoniza com os talheres de design arrojado e um prato muito simples de cerâmica. Se um castiçal estiver fora do lugar, você se sente obrigado a colocá-lo na posição correta.

- Quando criança, você adorava um relógio seu porque a pulseira era de uma cor atraente: verde-

-escuro com uma fileira de quadradinhos vermelhos. Você se dedicava a embrulhar com cuidado os presentes de aniversário dos seus pais e se irritava quando não conseguia dobras bem-feitas; queria sempre usar o mínimo de durex (três pedacinhos), não por medo de que acabasse, mas porque amava a sensação de que menos era mais (embora talvez não conseguisse articular isso na época). Você invejava a bicicleta de um amigo porque o tamanho das rodas era um pouquinho incomum, e isso parecia combinar com a personalidade dele. Adorava observar os garotos bons de futebol, apreciando seus diversos estilos: um fazia muitos movimentos curtos, rápidos e nervosos, mantendo a bola junto aos pés; outro dava passos largos e inclinava o corpo para trás quando dava um chutão.

- Na escola, você adorava sublinhar cuidadosamente o título das redações; durante um tempo, experimentou linhas onduladas; depois passou a usar a régua e ficou obcecado com a espessura da linha. Às vezes, se dedicava tanto a enfeitar o título que não restava muito tempo para escrever o texto.

- Você percebe quando dois prédios estão desalinhados; isso estraga a rua, e você gostaria que alguém tivesse tomado mais cuidado e notado que o conjunto ficou discrepante; se pudesse, voltaria no tempo e ajeitaria tudo.

- No verão, você gostava de olhar o mar e ficava maravilhado com os diferentes tons de azul.

- Você observa e aprecia a bela tipologia nas páginas de um livro sobre a história alemã.

- Você gosta de um filme porque tem belíssimas cenas de interiores (você presta atenção ao formato do cômodo, ao posicionamento da mobília, à curva de uma maçaneta); diante disso, a evolução improvável da trama ou o diálogo pouco inspirado são perdoáveis.

- Você percebe que fica muito mais empolgado do que todos os seus colegas quando o quarto do hotel onde se hospedam é perfeito.

3. O prazer da criatividade
- Você tinha 7 anos e todas as peças de Lego estavam espalhadas pelo chão; era um dos melhores momentos, porque havia inúmeras possibilidades de montar objetos extraordinários bem ao seu alcance. Esse potencial lhe parecia fascinante. Adorava cortar caixas de papelão (a borda serrilhada da faca de pão era ideal para a tarefa).

Em uma ocasião memorável, a nova máquina de lavar chegou em uma caixa tão grande que você quis morar nela; recortou uma janela e equipou a "casa" com cobertores, travesseiros e bombons de chocolate. Às vezes, você queria que suas músicas preferidas fossem um pouquinho diferentes; talvez um trecho mais bonito devesse se repetir ou as vozes poderiam descer em vez de subir no final; você queria mudá-las (embora já fossem muito boas). Quando criança, à noite, antes de dormir, você costumava imaginar outros desfechos para as histórias de seus personagens favoritos. E se não tivessem perdido o trem? Talvez houvesse toda uma série de novas aventuras ainda mais interessantes. Em suas fantasias sexuais, você vive contando a si mesmo histórias sobre outros aspectos da vida dos protagonistas: como se vestem para trabalhar, como é a planta do apartamento, como se sentiram ao encomendar um chicote pela internet. Às vezes você percebe que até parou de pensar em sexo.

- Você adora quando alguém lhe pede que visualize e avalie o futuro. Deveríamos entrar no mercado americano? Ainda vale a pena fazer cartões de Natal? Seria bom fazer negócios com aquela empresa turca? Para você, essa tarefa é fácil. Às vezes, gosta de imaginar como seria o sistema educativo ideal ou a cidade perfeita.

- Você gosta de ponderar qual imagem funciona melhor em uma apresentação e vive tentando encontrar maneiras mais eficientes de transmitir informações.

- Todos acham que você gosta da novidade pela novidade, mas estão redondamente enganados; você gosta de soluções melhores, sabe que é comum estarem em lugares inesperados e adora caçá-las.

4. O prazer do entendimento

- Você costumava incomodar seus pais com perguntas que, em retrospecto, parecem meio malucas: por que passarinhos se chamam "passarinhos", e não algo totalmente diferente, como "loteropsicos"? Como os bebês chimpanzés ficariam se raspassem seu pelo? Existe tempo nos outros planetas? O seu desejo é que houvesse boas razões para tudo.

- Você ficou um pouco chocado ao perceber que seu pai não sabia explicar por que o secador de cabelos só funcionava quando plugado na tomada. Como algo que vinha da parede fazia o ventilador girar?

- Certa vez, quando você tinha 11 anos, uma amiga sua disse que tinha ciúmes da irmã. Você ficou fascinado ao perceber que essa ideia explicava por que uma pessoa se zangava frequentemente com outra.

- Você adora pôr seus pensamentos no papel. Sua mente fica mais clara e seu nível de ansiedade se reduz. Algumas pessoas bebem ou correm para relaxar. Você gosta de refletir.

- Na escola, você se sentiu enganado quando a professora de matemática lhe disse que não podia explicar naquele momento por que certo modo de resolver um problema dava certo; você só precisava saber que dava.

- Você gosta quando o noticiário aborda os bastidores e explica por que um acordo foi feito ou por que um partido voltou atrás em sua política habitacional; aquilo deixa de ser um mistério (você não gosta de quem gosta de mistérios) e começa a fazer sentido.

- Você costuma achar que os outros deixam situações mal resolvidas; não explicam direito e não têm curiosidade pelas muitas razões possíveis para as pessoas agirem como agem.

- Você gosta quando um aglomerado de fatos aparentemente conflitantes recebe uma explicação coerente. Em geral, há um padrão subjacente, muito mais simples e claro, à espera de ser descoberto.

5. O prazer da expressão pessoal

- Quando criança, você gostava que os adultos pedissem sua opinião (às vezes, você se decepcionava porque não sabia qual era a sua opinião sobre aquilo, mas queria muito ter uma).

- No recreio da escola, você adorava criar personagens que lhe permitissem ir além de suas limitações.

- Você se irrita quando os outros não lhe dão ouvidos; quer que prestem atenção no que tem a dizer.

- Alguns acham que você é narcisista, mas se enganam; é que você adora compartilhar com os outros aquilo de que gosta. Não é autoestima, e sim uma espécie de generosidade.

- Em um emprego que teve, um gerente importante puxou você de lado depois de uma reunião e lhe disse que baixasse a bola um pouquinho, porque nem sempre suas ideias eram pertinentes para a pauta; mais tarde, você viu que ele tinha razão, mas na hora ficou muito irritado.

- Às vezes falta espaço para você desenvolver suas ideias nos formulários de feedback.

- Você adora quando lhe fazem perguntas pertinentes a seu respeito.

- A ideia de escrever uma autobiografia já passou pela sua cabeça.

- Você adoraria ser entrevistado, mas costuma achar uma tortura assistir a entrevistas. Dá vontade de gritar: "Vá direto ao ponto, diga a verdade!"

- Quando faz alguma coisa, você quer que seja óbvio para os outros que foi você quem fez.

- A ideia de que poderia pôr sua personalidade a serviço de uma causa – construir uma cadeira, um jardim, uma política do governo – lhe parece estranhamente sedutora.

- Você adora quando sente que "tocou a alma de alguém".

6. O prazer da tecnologia
- Quando era pequeno, sua tia lhe deu um jogo de chaves de fenda arrumadas em ordem de tamanho, da miudinha à grandona. Você quase nunca as usava, mas adorava imaginar que cada uma tinha sido

projetada para uma situação peculiar. Um momento glorioso foi quando houve um problema com a dobradiça da porta do armário da cozinha e sua mãe lhe perguntou: "Onde estão aquelas suas chaves de fenda?" E você achou uma que se encaixava perfeitamente (era uma chave Phillips de 3 mm).

- Por volta dos 6 anos, você parou de achar que os carros eram algo natural e começou a vê-los como máquinas: caixas de metal espantosas, equipadas com mostradores especiais, pequenas telas e janelas que, ao contrário das de casa, se abriam ao toque de um botão (ou não, se sua mãe desabilitava as do banco de trás). O cano do escapamento e a grade do radiador, que insinuavam as necessidades estranhas da máquina, despertaram sua curiosidade.

- Você adora pensar que ainda estamos no início de uma era na qual, em algum momento, a tecnologia será capaz de atender a todas as nossas necessidades. E gosta de imaginar onde estaremos em 2180.

- Para você, tecnologia não se resume a simples máquinas e processamento de informações; o lápis o atrai como um modelo tecnológico simples, intuitivo, robusto, perfeito para a função (secretamente, você ama apontadores e, às vezes, aponta um lápis só pelo prazer de usar esse pequeno mecanismo primoroso e ver um cacho espiralado de madeira sair da lâmina). Você consegue enxergar as meias como tecnologia para recobrir os pés.

- Você detesta quando as pessoas associam o futuro a mochilas com mecanismos propulsores. Será muito mais interessante do que isso.

- Você adora perguntar: qual é a essência do problema e como resolvê-lo da maneira mais fácil e barata?

7. O prazer de ajudar os outros

- Quando criança, você adorava ter permissão de se unir aos outros. Sua irmã detestava ajudar a esvaziar a lava-louças, mas você apreciava porque sentia que era a sua contribuição. Você gostava de sentir que sua mãe ou seu pai podiam preparar o arroz ou ligar para o encanador porque sua ajuda lhes dera tempo livre para tomar essas providências.

- Nas brincadeiras de faz de conta, você preferia roteiros de resgate: alguém seria devorado por piranhas, mas, bem na hora, você puxava a pessoa de volta para a jangada (que na verdade era o sofá).

- Você gostava quando os amigos lhe contavam

o que os incomodava. Mesmo sem saber o que poderia fazer, gostava de consolá-los (e às vezes ficava muito irritado quando eles rejeitavam seus comentários bem-intencionados).

- Você sente que o trabalho é importante porque faz diferença para os outros; o seu lhes dá prazer ou resolve um problema. Você gosta muito de saber disso e de observar, na prática, as consequências do que faz.

- Seu pai ficava enlouquecido quando achava que tinha perdido as chaves do carro; você gostava de ser aquele que o acalmava e dizia: "Pense: o que você fez quando chegou em casa ontem à noite?" Certa vez, ele achou as chaves no banheiro.

8. O prazer de liderar

- Você não queria apenas ser o responsável; você realmente *gostava* de ser o responsável (essa diferença logo ficou clara). Muita gente na escola queria ser capitão do time, mas não gostava da responsabilidade, só queria o status. O que você queria era o serviço, o papel, a oportunidade de pôr suas ideias em prática.

- Você gosta quando os outros lhe pedem conselhos. E não diz só o que lhe vem à mente. Você quer resolver o problema e quer que confiem na sua avaliação.

- Você prefere a liderança conquistada à liderança concedida.

- Gosta de ouvir falar de líderes que não obtiveram sucesso pelos padrões normais. Quando tinha uns 14 anos, você leu a história de um general que se rendeu para salvar a vida dos soldados; a batalha foi perdida, mas você achou que aquele general era um verdadeiro líder.

- Quando os outros entram em pânico, você fica mais concentrado – e gosta de ser assim.

- Quando alguém diz que, se possível, quer evitar responsabilidades, seu primeiro instinto é não gostar dessa pessoa.

- Quando pequeno, você se empolgava com a ideia da fama. Hoje, ela não o atrai muito; só parece um efeito colateral indesejável de ser bom em alguma coisa.

9. O prazer de ensinar
- Quando alguém cometia um erro, você queria corrigi-lo.

- Aos 7 anos, você teve uma professora maravilhosa; ela sabia que você a escutava com a maior atenção e percebia o seu esforço (mesmo quando você errava).

- Você adora a sensação de oferecer seu conhecimento a outra pessoa; de transformar o pânico e a frustração dos outros em domínio e confiança.

- Você sabe que precisa ter cuidado quando dá suas "lições"; ninguém gosta de se sentir tratado com arrogância, mas você adora preencher as lacunas de conhecimento que enxerga nos outros.

10. O prazer da independência

- Depois de dirigir sozinho pela primeira vez, você não quis mais parar.

- Você gosta de se levantar muito cedo, antes de todo mundo, para cuidar de seus projetos em paz e em silêncio.

- Para você, crescer significou afastar-se de quem podia controlá-lo.

- Você gosta de ficar sozinho; o tédio raramente o perturba.

- Foge de viagens com guia e excursões em grupo.

- Ficou empolgadíssimo quando leu uma reportagem sobre um sujeito que largou o emprego no banco e abriu uma empresa para importar abacate da África ocidental.

- Você gosta muito de chegar a uma opinião própria sobre os méritos de um livro ou uma obra de arte e não se incomoda quando os outros o acham excêntrico.

- Você já foi acusado de não saber trabalhar em equipe, e há certo grau de verdade na crítica.

- Uma noite sozinho nunca é um desafio. Para você, representa a oportunidade de planejar e pensar. Pessoas que só jogam conversa fora o incomodam.

11. O prazer da ordem

- Quando fazia o dever de casa, você gostava muito que sua letra estivesse legível; se fosse preciso corrigir algo escrito a lápis, tomava muito cuidado para que as linhas apagadas não ficassem visíveis. Detestava cometer erros com caneta e já chegou a colar pedacinhos de papel sobre eles para preservar a imagem geral de limpeza.

- Você era fascinado pela gaveta dos talheres e adorava o fato de cada tipo ter seu lugar especial. Ficava muito incomodado quando sua irmã, despreocupada, punha uma colher no nicho dos garfos.

- Mesmo não sendo muito bom em ciências, você achou a tabela periódica estranhamente sedutora; gostava da ideia de tudo classificado segundo seus elementos constituintes, reduzindo o caos do mundo a apenas alguns elementos. Isso reverberava por dentro, embora você olhasse pela janela enquanto o professor explicava os detalhes.

- Você detesta quando as pessoas dizem: "Arquive" de um jeito desdenhoso.

- Gosta de arrumar os lápis de cor conforme a gama de cores, embora sempre pareça haver alguns problemas; os tons de amarelo vão clareando até chegar ao branco ou pendem para o verde-claro (passando pelo amarelo-esverdeado)?

- Você se incomoda quando os outros dão mil voltas ao contar uma história ("Ah, esqueci de mencionar que...").

12. O prazer da natureza
- Você não suporta aquelas janelas modernas que não abrem.

- Aos 8 anos, achava uma delícia ficar de quatro para examinar atentamente um ouriço ou uma lesma. Você sentia que o bicho podia ser seu amigo e gostava de imaginar como seria a vida dele, que, aos seus olhos, parecia tão interessante quanto a de qualquer ser humano.

- Você adora acampar, principalmente quando o tempo não está perfeito. É muito mais desafiador montar a barraca em meio a uma tempestade.

- Você estava fazendo uma longa caminhada no campo com a família quando começou a chover. Todos reclamaram, mas você adorou; foi só ajustar o capuz do agasalho e se deliciar com as gotas de chuva respingando no nariz.

- Você não sabe se gosta de assistir aos documentários de David Attenborough. Eles são muito interessantes, mas, para você, não tem muita graça vê-los sentado no sofá com um balde de pipoca no colo; melhor seria estar lá nos pântanos do Serengeti na temporada das chuvas ou escalando as rochas das ilhas Galápagos; não vê problema em enlamear a calça ou arranhar e esfolar os dedos.

Nenhum de nós se identifica igualmente com todos esses prazeres. Alguns se destacam e talvez escalem posições nessa lista de prioridades. Lendo sobre eles, podemos começar a descobrir nosso perfil pessoal de pontos de prazer; são esses que deveríamos tentar desenvolver em nossa vida profissional. Ao conversar com outras pessoas sobre o trabalho que realizam, perguntaríamos sobre esses tópicos. Na hora de nos informarmos sobre a carreira de alguém, deveríamos ficar atentos ao que foi prazeroso para ele e verificar onde isso se cruza com nossa necessidade de prazer. Estamos em busca da zona preciosa onde nossos talentos e prazeres atendem às necessidades do mundo; é nesse lugar que deveríamos tentar situar nossa futura carreira.

Exercício

1º passo
Leia as descrições dos tipos de prazer e observe se algum deles evoca sentimentos ou situações que o empolgam, ou se despertam lembranças. Às categorias que mais o atraírem, acrescente detalhes de sua própria vida, elementos de que gostou no passado ou que lhe deram prazer em situações profissionais.

Pode demorar um pouco para essas memórias virem à tona. Quando a ideia geral de observar prazeres tiver se fixado em sua mente, talvez você recorde (na fila do supermercado ou parado no semáforo) algo de que realmente gostava quando tinha 10 anos e que se encaixa em algum ponto da lista. Podemos levar muito tempo para conhecer o conteúdo da mente; afinal, descobrir o que de fato nos dá prazer é uma investigação para a vida inteira.

2º passo
Depois de acrescentar seus pensamentos à lista dos prazeres, alguns se destacam, enquanto outros o deixam indiferente. Faça uma lista começando pelos mais importantes até chegar aos de menor relevância.

Decidir-se por um emprego específico exigirá sacrifícios. Cada trabalho atenderá mais a alguns prazeres do que a outros; haverá criatividade, porém menos oportunidades de liderar; ou muito tempo investido em aprender, mas poucas ocasiões de ajudar os outros. Classificar os prazeres por ordem de importância revelará o que você mais valoriza e, portanto, o que deveria procurar em um emprego, mesmo que tenha que abrir mão de outras satisfações.

3º passo
Conhecer nossos prazeres é um ingrediente fundamental para descobrir que tipo de trabalho

nos traria realização. Mas, por si sós, eles não costumavam indicar uma linha de trabalho específica. O que eles fazem é nos ajudar a examinar a adequação de qualquer tipo de emprego em que pensemos.

Escolha um trabalho que tenha passado pela sua cabeça em algum momento; considere-o como algo que você talvez se interessasse em fazer (mesmo que nunca tenha levado a possibilidade muito a sério). Pense se esse emprego lhe ofereceria bastante espaço para os prazeres que estão no topo de sua lista, os que são mais importantes para você.

Mesmo que chegue à conclusão de que esse emprego não dialoga com seus pontos de prazer, o ganho de conhecimento terá sido valioso. Há uma noção muito mais clara da razão por que ele não seria ideal para você. Repita o exercício com todos os empregos em que já pensou de maneira inconclusiva. Folheie o caderno de empregos dos classificados do jornal. A meta é treinar a avaliação de possíveis trabalhos relacionando-os aos pontos de prazer.

Exercício
Em geral, conversar sobre esses prazeres com outra pessoa é útil – uma forma de exercitar a

> mente e nos ajudar a compreender em detalhes o que queremos. Quando contamos a alguém por que gostamos disso ou por que não ligamos muito para aquilo, é comum que outras informações venham à tona, permitindo que tenhamos uma noção mais clara e profunda das razões do nosso entusiasmo. Uma boa sugestão é marcar um encontro com um amigo e repassar com ele a sua lista de prazeres classificados em ordem de importância. É o tipo de coisa boa para se fazer com um amigo ou amiga, que receberá várias informações novas e interessantíssimas sobre você. Melhor ainda se, em algum momento, você também tiver a oportunidade de conversar sobre a lista dele ou dela.

ii. O combate à fixação

Quando pensamos em que carreira seguir, um aspecto fundamental que pode dar errado é nos fixarmos em um tipo específico de emprego que, por uma razão ou outra, não é uma opção promissora nem realista. Talvez seja dificílimo de conseguir; talvez exija longos anos de preparação ou esteja em um setor que se tornou precário e, portanto, nos negará boas perspectivas a longo prazo.

Vamos chamar esse fenômeno de fixação (em vez de simplesmente interesse) para deixar claro que o foco nesse emprego é problemático, pois somos tomados pela sensação esmagadora de que não temos futuro fora dessa ocupação (mesmo que haja enormes obstáculos para torná-la realidade).

Por exemplo, podemos nos fixar na edição literária, mas descobrir que há poucas vagas e que o salário não dará conta do aluguel de um imóvel a uma distância razoável da empresa. Ou desenvolver um interesse pelo jornalismo sério, de longas reportagens, embora a base econômica dessa profissão tenha se reduzido substancialmente. Podemos ficar obcecados pela ideia de uma carreira política, mesmo sabendo que a probabilidade de realizar grandes mudanças é minúscula; ou ainda nos fixarmos no mundo do cinema, embora a concorrência seja feroz e a probabilidade de sucesso, mínima.

A solução para esse tipo de fixação é compreender melhor o que realmente nos move. Quanto mais correta e precisa for a prospecção do que é importante para nós, maiores as chances de descobrir que nossos interesses (e os pontos de prazer associados a eles) estão disponíveis em uma gama de ocupações muito mais ampla do que imaginávamos. Nossa incompreensão sobre o que de fato buscamos – e, portanto, nossa leitura relativamente óbvia e padronizada do mercado de trabalho – nos empurrou para um túnel de opções muito mais estreito do que deveria ser.

A fixação não ocorre só com o trabalho. Nos relacionamentos, também podemos ficar obcecados pela pessoa amada a ponto de não conseguir nos afastar dela – mesmo que, infelizmente, ela não esteja interessada em nós ou nos trate mal e alimente nossa insegurança. Mesmo agredidos emocionalmente, dizemos a nós mesmos (e a quem se preocupa conosco) que não conseguimos imaginar a vida sem aquela pessoa tão especial (talvez ela seja engraçada de um jeito único ou toque brilhantemente um instrumento ou tenha um pessimismo irônico que adoramos).

Para romper com a fixação, não adianta nos dizerem que não gostamos daquela pessoa nem tentar esquecer como ela nos atrai. A solução é buscar com foco e seriedade o que está por trás dessa atração – e, então, perceber que as qualidades que admiramos nela também existem em outras pessoas, com a vantagem de que estas não têm os problemas que, naquele momento, impedem uma relação gratificante. A investigação meticulosa do que amamos em alguém nos mostra – de maneira paradoxal, mas muito libertadora – que, na verdade, é possível amar outra pessoa.

Portanto, entender do que gostamos – o que nos dá prazer – é um passo fundamental contra a fixação. Quando fortalecemos nosso apego a qualidades, enfraquecemos o apego a indivíduos ou empregos específicos. Quando percebemos o que de fato nos atrai em um emprego, nos tornamos capazes de identificar as mesmas características em outras funções. O que realmente amamos não é aquele emprego específico, mas uma série de qualidades que estavam mais visíveis ali do que em outras áreas de atuação.

É aí que o problema começa: os empregos demasiadamente atraentes tendem a chamar muita atenção, ter muita procura e, portanto, podem oferecer salários muito modestos. Porém aquelas qualidades não existem só ali. Elas são necessariamente genéricas e estarão disponíveis por aí, com outra aparência menos óbvia – desde que saibamos procurar.

Imagine alguém dedicadíssimo à ideia de se tornar jornalista. A própria palavra "jornalista" se transformou em uma insígnia cobiçada que aglutina tudo o que a pessoa acha que deseja. Desde muito cedo, a profissão exalava glamour e desafio, entusiasmo e dinamismo. A pessoa se acostumou com pais, tios e tias que se referiam a ela como futura jornalista. Tudo começou aos 12 anos. No entanto, hoje o setor está em estágio terminal e há muitos profissionais para poucas vagas. Resultado: bloqueio e angústia.

O melhor, nessa situação, é a pessoa interromper a busca infrutífera por emprego e estágios não remunerados e se perguntar o que de fato a atrai de modo quase intuitivo para o jornalismo. Que prazeres ela busca? Será que existem em outro lugar mais favorável nas atuais circunstâncias?

Nossa tendência é sermos muito vagos nisso. Costumamos nos prender à ideia geral de um certo emprego. Mas, se analisarmos os pontos de prazer, começamos a levantar a tampa e olhar mais para os prazeres disponíveis. Depois de examiná-los, talvez descubramos que o jornalismo oferece alguns destes: poder se envolver com questões políticas e sociológicas relevantes, analisar políticas, traduzir pensamentos com elegância e conquistar o respeito alheio pela capacidade crítica.

Assim que esses elementos se esclarecem, fica claro que eles não pertencem unicamente à profissão que chamamos de jornalismo. A combinação não pode existir somente – e não é necessária apenas – em jornais e revistas. Não está vinculada, de fato, a nenhum setor específico. As qualidades podem aparecer – e aparecem – em muitos outros setores. Por exemplo, uma empresa de investimentos financeiros pode ter imensa necessidade de analisar mercados emergentes e explicar aos clientes seu potencial e possíveis pontos fracos; uma universidade talvez precise analisar e compreender mudanças em seu ambiente competitivo e explicá-las de maneira clara e envolvente à equipe; uma empresa petrolífera talvez necessite reavaliar sua demanda por funcionários e transmiti-la aos departamentos de recrutamento do mundo inteiro. Esses setores não correspondem ao que conhecemos como jornalismo, mas todos têm necessidades e oportunidades que oferecem exatamente os mesmos prazeres que, a princípio e de modo bastante superficial, foram associados ao jornalismo.

Concluímos que os prazeres que buscamos são mais flexíveis do que supúnhamos a princípio. Eles não estão disponíveis apenas no mundo dos meios de comunicação de massa; podem ser mais acessíveis, mais seguros e financeiramente mais gratificantes em setores econômicos bem diferentes.

O objetivo desse exercício não é nos fazer desistir do que realmente queremos, e sim mostrar que o que desejamos está presente em outros lugares além daqueles que identificamos. É uma conclusão libertadora.

A mesma análise vale para a habilidade de ensinar. Ela não se aplica apenas à escola primária ou secundária; pode-se, em essência, ser professor em um conglomerado aeronáutico (é preciso ensinar a natureza do setor aos novatos) ou em uma empresa de administração de grandes fortunas (os executivos devem aprender a lidar com clientes difíceis). Alguém obcecado por uma carreira na política pode perceber que os prazeres que busca (influenciar resultados sociais) estão muito mais disponíveis (e são mais bem recompensados e eficientes) em um emprego no órgão de promoção do turismo ou uma empresa de extração de petróleo. Isso só parecerá uma desistência se não compreendermos de verdade o que procuramos. O aspecto surpreendente e libertador da análise dos pontos de prazer é revelar que um setor específico nunca será a chave para encontrar o emprego que possamos amar. Quando compreendido da maneira correta, o prazer – ainda bem – é genérico; pode surgir em muitos lugares diferentes e até inesperados. O conhecimento meticuloso do que amamos nos liberta para amar mais amplamente.

Exercício

1º passo
As experiências de afastamento das fixações que melhor conhecemos se encontram no território do amor. Pense no parceiro ou na parceira (não o/a atual) por quem você era obcecado

alguns anos atrás. Do que gostava nele ou nela? Faça uma lista. Talvez apreciasse o fato de ser calado/a, mas falar com tanta intimidade quando estavam sós. O modo de rir; o tom castanho do cabelo. Reduza essas especificidades a características gerais.

Por exemplo:
- doçura;
- timidez;
- humor;
- cabelo.

Agora pense nas vezes em que se sentiu atraído pelas mesmas qualidades em outras pessoas.

Você sabe (por já ter se afastado daquela pessoa) que é possível encontrar as mesmas qualidades em várias outras. Essa lição do amor pode se aplicar ao trabalho; talvez você tenha fixação por um campo de trabalho em particular – e não seja isso o que deveria buscar. É possível encontrar a mesma satisfação e empolgação em outro lugar.

2º passo
1. Escreva o trabalho (pode ser mais de um) que deseja realizar (mas que pode ser difícil conseguir):
- jornalismo, arquitetura, carreira política...

2. Agora, seja mais específico: que parte desse trabalho você imagina que seja agradável? Imagine um dia de serviço muito bom e identifique os melhores momentos.

Por exemplo:
- fechar o negócio;
- chegar a Hong Kong;
- entrar no estúdio de filmagem;
- reunião da equipe;
- visita à obra.

3. Resuma-os para identificar as características gerais do prazer:
- negociar;
- viajar;
- ser o centro das atenções;
- assumir responsabilidades;
- influenciar a aparência dos lugares.

4. Imagine em que outros trabalhos você poderia encontrar as mesmas atividades que o atraem. Para cada característica, faça uma lista de três outros lugares onde pudesse desempenhá-las.

3º passo

Em geral, nos candidatamos a vagas nas empresas e temos que nos encaixar na descrição do cargo (a lista de qualificações necessárias, características pessoais, experiência, se sabe "trabalhar em equipe", etc.).

Neste exercício, inverta a situação: escreva o anúncio de emprego ideal para você, aquele que melhor corresponderia a quem você é com base na descrição feita anteriormente dos pontos fundamentais que busca apreciar no trabalho. Como realmente seria um emprego que usasse todos os seus talentos e incorporasse o propósito que você acha importante?

O objetivo dessa tarefa é reunir em um único enunciado todos os seus pensamentos sobre o que você ama. Imagine um anúncio que descreva a pessoa ideal (você) e o tipo geral de trabalho que faria (seu ideal), sem importar se esse emprego existe.

Por exemplo:

Procuramos uma pessoa que...

- adore organizar ambientes;
- fique empolgada com projetos em grande escala;
- adore pensar em relacionamentos e em como fazê-los funcionar;

- assuma a responsabilidade por um cronograma de dez anos;
- queira fazer parte de uma equipe inteligente.

Como parte do trabalho, essa pessoa...
- criará aplicativos que serão baixados por milhões de pessoas;
- cuidará da aparência exterior de projetos;
- se envolverá na compra de outras empresas;
- terá à sua disposição jantares elegantes, carro para buscá-la no aeroporto, etc.

iii. A confusão entre produção e produto

Um modo muito comum de identificar que emprego gostaríamos de ter é voltar os olhos para setores que produzem o tipo de coisa que gostamos de consumir. Apreciamos o produto e, por isso, queremos participar profissionalmente da produção.

É bem provável que descartemos áreas inteiras da economia por não estarem claramente ligadas ao que gostamos de consumir. Se minha criatividade é visual, talvez ache ridícula a ideia de trabalhar na indústria de cimento. Se amo a natureza, o setor energético dificilmente será uma boa opção. Se adoro me expressar, o mundo das finanças talvez fique fora da lista de empregos que eu poderia amar. Associamos os setores a seus produtos óbvios e, portanto, chegamos rapidamente à conclusão de que áreas inteiras têm pouco a nos oferecer.

Mesmo assim, pode ser muito benéfico pensar no trabalho não em termos de como nos sentimos a respeito dos produtos, mas em termos de como nosso interesse se alinha com sua produção. Isso pode não ser nada óbvio a um primeiro olhar impaciente; talvez o processo de produção esteja muito distante dos produtos que definem o caráter externo dos negócios. Assim, quando pensamos em um dado setor, deveríamos perguntar, com mais rigor do que de costume, o que é necessário para produzir seus bens e serviços. O que as pessoas que trabalham ali fazem, de fato, para que o produto enfim se torne real? Não precisamos nos lançar necessariamente a extensas missões para saber mais; basta usar a imaginação para dar palpites plausíveis sobre os muitos acontecimentos que fazem parte do dia a dia de uma empresa e que têm pouco em comum, ao menos de modo direto, com o produto final.

A distância, o setor de transporte marítimo pode parecer estar longe de nosso interesse. Afinal de contas, detestamos o mar e não nos comovemos de jeito nenhum com a imagem de grandes cargueiros atracando no porto. Porém, em termos de produção, esse setor exige muitos talentos e interesses bem distantes do produto óbvio. Envolve tarefas como motivar a cooperação internacional em projetos de longo prazo e explicar alternativas de maneira realista a todos os envolvidos, sem, contudo, inviabilizar o projeto. Haverá imensos desafios na tomada de decisões importantes sob condições de incerteza; haverá negociações jurídicas e políticas complexas nos bastidores; será necessário transformar massas de dados em gráficos de fácil visualização para mostrar quem é responsável pelo quê; será preciso encomendar e avaliar anúncios; organizar e montar conferências; haverá uma necessidade imensa de comunicação interna. Em outras palavras, existirão muitas áreas de trabalho não inerentemente ligadas ao envio de cargas pelo canal de Suez. Assim, o fato de não se interessar muito por navios – o produto – pode não ser um sinal de que esse seja o lugar errado para procurar a carreira que você possa amar.

Ou imagine alguém que rejeita automaticamente a carreira jornalística porque supõe (numa apreciação superficial) que se resume a escrever sobre fatos atuais e analisá-los. Mas, se refletirmos sobre o assunto, começaremos a perceber uma imensa variedade de outros aspectos que acompanham a produção do resultado óbvio. As empresas de comunicação estarão preocupadíssimas com o controle de custos; portanto, haverá grande necessidade de gestão cuidadosa dos recursos. Descobrir as necessidades e os interesses dos consumidores será fundamental para o sucesso de uma empresa desse segmento; desenvolver novos modelos de negócio também. Assim, mesmo que a pessoa não queira produzir reportagens sobre fatos atuais, o jornalismo ainda pode oferecer muitas oportunidades para os tipos específicos de prazer que a atraem: organizar outras pessoas, simplificar processos complexos, gerenciar o tempo ou ensinar e aprender. Esses interesses não vêm de imediato à mente porque não constam da prateleira de produtos do setor, mas mostram-se relevantes quando começamos a observar com mais atenção a variedade necessária de contribuições à produção.

O que vale para o setor de transporte marítimo ou para o jornalismo também serve para muitos outros setores. Em geral, a produção será bem diferente dos pontos que associamos inicialmente ao segmento. Em vez de perguntar se o produto se parece com o tipo de coisa de que gostamos, deveríamos indagar se a produção de determinado setor pode acomodar nossos prazeres. É um passo modesto, mas extremamente libertador, que pode ampliar com bons resultados a nossa concepção sobre onde estarão as melhores oportunidades.

Exercício

Para pensar no que ocorre nos bastidores de vários tipos de trabalho e, portanto, no tipo de prazer realmente disponível, é importante avaliar a produção e os produtos de vários empregos.

1º passo
Sem pensar muito, liste alguns empregos ou setores que, intuitivamente, você acha:
a. muito sedutores;
b. muito sem graça;
c. indiferentes – algumas áreas em que, na verdade, você nunca tinha pensado.

2º passo
Para cada tipo de trabalho:
- Descreva de que se trata: quais são os principais produtos e serviços?
- A seguir, pense nesse emprego em termos produtivos. Tente imaginar da maneira mais detalhada possível o tipo de trabalho que precisa ser feito nos bastidores para que esses produtos e serviços sejam oferecidos.
- Observe como é diferente a descrição da produção e a dos produtos.

3º passo
Retome sua lista de prazeres (do exercício da

página 71) e compare-a com a descrição do processo de produção de cada um. Onde seus prazeres podem entrar?

4º passo
Agora que pensou nisso, reveja as listas que preparou no primeiro passo (sedutores, sem graça e indiferentes). Algo mudou na sua atitude?

Exercício: O emprego esquisito, mas empolgante

1º passo
Faça uma lista de cinco empregos que você gostaria de ter. Depois, outra, de 15 ou mais que gostaria de ter, inclusive os trabalhos dos sonhos e aqueles que atraem sua atenção – porque parecem ser legais ou interessantes. Não se preocupe com viabilidade.

2º passo
Examine a lista maior, a mais criativa, com 15 opções. O que o atrai nesses empregos? Talvez não sejam carreiras que realmente procuraria; você pode ter escrito bibliotecário, humorista, apresentador de programa de entretenimento na TV, agricultor, mordomo ou funcionário das

> Nações Unidas. Se esses trabalhos vieram à sua mente, é porque representam algo que mexe com você.
>
> Tente descobrir que parte da sua personalidade essa fantasia de trabalho esquisito, mas empolgante, preenche. Não estamos aprendendo sobre empregos de verdade, mas sobre seus interesses, que (depois de entrarem no radar) podem aparecer também em lugares mais convencionais.

iv. Como é o emprego?

Quando começamos a entender nossos pontos de prazer e construímos uma ideia de quem seríamos idealmente em um emprego, vem à luz um problema que envolve nosso conhecimento a respeito dos vários tipos de trabalho. Em geral, não sabemos o suficiente sobre as carreiras ou sobre os detalhes que envolvem o trabalho.

Claro, podemos descobrir bastante coisa pesquisando um pouco quando aparece uma vaga: se há um plano de aposentadoria; se há restaurantes para almoçar por perto; se as pessoas viajam muito; como funciona o sistema de avaliação de desempenho; se os colegas vão beber depois do trabalho;

qual a probabilidade de promoção; qual é o salário médio no setor; que empresas estão crescendo mais. É muito útil saber isso tudo. Mas essas informações nem chegam perto de esclarecer o tipo de questão que os pontos de prazer trazem à tona; não abordam a pergunta importantíssima, mas raramente feita: como é, na verdade, trabalhar nesse emprego ou ter esse tipo de carreira?

O que queremos descobrir é como seria (por exemplo) trabalhar como carpinteiro, secretário de governo, piloto de uma nova linha aérea, advogado residente de um escritório de design. Exploramos as atividades que achamos prazerosas, mas por si só isso não nos indica nenhuma linha de trabalho específica.

Podemos procurar um trabalho que talvez nos interesse e analisá-lo em termos do acesso que nos daria aos prazeres que passamos a ver como importantes para nós. Como esse tipo de carreira dialogaria com nossos prazeres?

Exercício: Entrevista imaginária

Lemos e aprendemos alguma coisa sobre como é um emprego com base em descrições do cargo, postagens em blogs e conversas com outras pessoas. No entanto, raramente concentramos nosso pensamento nas áreas certas. Não processamos nosso conhecimento adquirido de modo a produzir palpites embasados sobre como será realmente o serviço – o que ajudaria a guiar nossas decisões.

1º passo
Pense em um emprego em que esteja interessado. Se tivesse a garantia de respostas totalmente francas, que perguntas faria a um funcionário atual para descobrir a verdadeira experiência desse emprego?

Sua lista pode incluir algumas das seguintes perguntas:
- Como se sente na segunda-feira de manhã?
- Qual é sua fonte de ansiedade mais comum?
- Em que momentos você se sente realizado?
- O que o irrita nos colegas?
- Que tipo de conversa há no trabalho?
- Quem você admira no emprego? O que admira nessas pessoas?
- Sua experiência nesse emprego mudou muito com o tempo? De que maneira? Para melhor ou para pior?
- Quando está longe do trabalho (digamos, em férias), você pensa nele? O que passa pela sua cabeça?
- Você se acha adequado para o trabalho ou não? De que maneira (prós e contras)?

- Descreva um sucesso no trabalho. Entre em detalhes...

2º passo
Talvez você nunca chegue a fazer essas perguntas a um funcionário de verdade. Mas, com base no que sabe sobre o emprego, faça de conta que é o funcionário e invente as respostas detalhadas que daria a cada uma de suas perguntas.

3
Obstáculos e inibições

i. Modelos familiares de trabalho

Mesmo quando chegamos a uma noção confiável do tipo de carreira que, idealmente, seria adequada para nós, talvez ainda haja dificuldades no caminho; é provável que tenhamos que superar vários obstáculos psicológicos que podem inibir nosso avanço rumo às metas que identificamos.

Um dos obstáculos mais assustadores talvez seja a família. Durante a maior parte da história humana, o destino profissional de cada nova geração era determinado automaticamente pela geração anterior. A pessoa se tornava agricultor ou soldado como o pai, costureira ou professora como a mãe. As opções eram cruelmente restritas, e as penas por se desviar da trajetória predefinida podiam ser severas. Na Prússia do século XVIII, os filhos dos nobres eram proibidos por lei de abrir empresas ou se dedicar ao comércio. Na Inglaterra do século XIX, um pai respeitável podia trancar a filha em um manicômio se ela persistisse no desejo de ser cantora ou atriz. Era conceitualmente impossível que o filho de um advogado arranjasse emprego como oleiro ou carpinteiro.

Então, no início do século XX, sob a onda da ideologia romântica, as sociedades se livraram aos poucos das restrições familiares e de classe. Em duas áreas centrais, no amor e no trabalho, os pais cederam o poder aos filhos, deixando a escolha nas mãos deles. Ficamos liberados para nos casar com quem quiséssemos e escolher a profissão que nos agradasse.

Essa liberdade teórica, porém, teve o efeito curioso de esconder de nós que as expectativas familiares continuariam importantes e limitariam nossas opções de carreira. Nossos pais talvez não tenham mais o poder legal de bloquear nossa conta bancária nem de nos restringir fisicamente, mas mantêm o controle sobre uma ferramenta vital de manipulação psicológica: a ameaça de suspender o afeto caso frustremos as aspirações que alimentam sobre nós. O amor pode nos controlar tanto quanto a força ou a lei.

Lá no fundo, está sempre em funcionamento o chamado "modelo familiar de trabalho", que cerceia os tipos de emprego aos quais podemos nos dedicar e nos incentiva a preferir certo conjunto de opções. Nosso histórico torna determinadas formas de trabalho mais ou menos disponíveis.

No nível mais benéfico, o modelo familiar de trabalho resulta da forma como nossa família entende o mundo profissional. Cada família tem uma compreensão ampliada a respeito de um certo conjunto de ocupações, porque alguém já as exerceu e, no processo, humanizou-as e tornou-as acessíveis à imaginação dos outros membros. Há famílias que, desde sempre, formaram médicos. Quando pequena, a pessoa ouviu falar dos hábitos muitas vezes curiosos dos pacientes, das rivalidades no hospital, das excentricidades dos médicos idosos e das alegrias e agonias da faculdade de Medicina. Portanto, é normal e possível que, quando chegar a hora, essa pessoa decida ingressar nas fileiras da comunidade médica. Outras famílias têm gerações de advogados ou contadores, marinheiros ou hoteleiros, ferreiros ou açougueiros. A criança cresce escutando sempre as mesmas histórias que reforçam o fascínio do tribunal ou o valor de salvar vidas; os benefícios da educação ou a adrenalina de chefiar uma cozinha; a empolgação de fechar um negócio vantajoso ou a responsabilidade de proteger as ruas da cidade. Assim, apresentados pelos membros da família na tranquilidade do ambiente doméstico (onde a lacuna entre o pessoal e o profissional é menor e, portanto, destinos impressionantes passam a parecer muito possíveis), alguns empregos acabam se revelando naturalmente mais plausíveis do que outros. A carreira de controlador de tráfego aéreo não parecerá inacessível quando exercida por um tio que cortava a grama de casa e nos contava piadas.

Afastar-se da experiência familiar raramente é visto como errado ou idiota. Mas talvez seja algo que, na nossa imaginação, não está disponível para nós. Não saberíamos por onde começar se ninguém na família jamais tivesse trabalhado, digamos, com esportes, eletrônica ou teatro. As pessoas de cuja afeição dependemos não poderiam nos ajudar a adquirir confiança nessas profissões. Elas nos restringem, não por serem más, não por terem estudado meticulosamente todas as facetas de nosso caráter e se recusarem a aceitar nossa verdadeira inclinação, mas apenas porque suas experiências são bastante limitadas.

Dito isso, às vezes também entra em campo uma dinâmica de valores. O modelo familiar de trabalho surge, por um lado, em consequência das aspirações e apreciações dos pais e, por outro, de seus medos e rejeições. Em muitas famílias, haverá opções de carreira sobre as quais os pais falam com reverência especial; talvez ser um grande escritor ou um juiz importante, diretor de escola ou funcionário público. Com frequência, são carreiras que os próprios pais não seguiram; o que já quiseram fazer (mas nunca fizeram).

Silenciosamente, muitos pais transferem seus sonhos aos filhos para que os realizem – em geral sem contar a eles que puseram esse fardo sobre seus ombros. Mas transmite-se a mensagem velada de que seguir determinada trajetória será a principal maneira de garantir amor e admiração; o filho – ou a filha – será o arquiteto que os pais foram tímidos demais para se tornar ou o empreendedor que nunca puderam ser. Nada disso jamais é dito, mas mesmo assim as ambições pairam no éter psicológico. Aparentemente ninguém está sendo forçado a nada, mas é extraordinário como uma pessoa pode ser influenciada por quinze anos de elogios a profissões específicas – e vice-versa.

Somos igualmente propensos a captar mensagens de que certas carreiras são "menores" e, portanto, inadequadas para nós. Os pais de hoje não estabelecem barreiras absolutas. Não ameaçam romper a relação caso nos dediquemos à administração de patrimônio ou nos tornemos técnicos de som, mas podem criar condições mentais para que os aspectos negativos de determinadas carreiras fiquem mais óbvios. Podem transmitir sutilmente o desprezo por empregos que, se não fosse por isso, seriam perfeitamente aceitáveis; calados, conseguem passar a noção de que nenhuma pessoa sensata jamais desejaria ser dentista ou que a contabilidade é uma profissão para os tímidos; podem insinuar que ser professor é um desperdício de energia e que só indivíduos inescrupulosos pensariam em uma carreira na publicidade; talvez sugiram que todos os arquitetos são meio doidinhos ou que qualquer trabalho relacionado à psicologia é para charlatões e desequilibrados.

Sentimos os desejos e o entusiasmo de nossos pais e somos influenciados por eles; como os amamos, tentamos nos alinhar com suas ideias. É muito natural. Mas pode estar tragicamente em conflito com o tipo de trabalho que, na verdade, nos traria realização.

Em *Middlemarch* (publicado em 1871-1872), a escritora George Eliot conta a história de Fred Vincy, filho de um industrial local bem-sucedido. Os pais, que ele ama, acreditam piamente que Fred deveria ser sacerdote – não porque reúna as qualidades necessárias para o serviço religioso, mas porque o pai vê com bons olhos essa profissão, que ele mesmo gostaria de ter seguido. No fim, Fred se torna um agrimensor muito feliz no trabalho, mas George Eliot mostra, em muitas páginas, o imenso conflito mental que esse passo representou para ele. A autora revela que Fred tem uma consciência dolorosa da decepção que impunha aos pais; mostra que sua escolha desencadeia uma rixa com a irmã, que tinha vergonha de seu trabalho, e que ele sente que os colegas da faculdade o consideram um fracasso. George Eliot nos conta a história de alguém que quase não consegue se libertar do modelo parental; ela sabia muito bem que muitos nunca chegam ao rompimento que Fred protagoniza. Isso não deveria nos surpreender: se tivermos que escolher entre o amor e a satisfação pessoal, é compreensível que frequentemente optemos por limitar nosso horizonte para preservar o relacionamento com quem nos colocou no mundo.

O que distingue as sociedades modernas de suas antecessoras é o silêncio que cerca as mensagens sobre o que é sensato fazer. Os pais de Fred Vincy podiam falar de modo direto com ele sobre as opções de carreira e tentar obrigá-lo a seguir o que pensavam ser o melhor. Hoje poucos pais agem assim. Só que isso não equivale a dar ao filho liberdade real para fazer o que acha certo. Como o modelo familiar de trabalho está quase sempre implícito, não percebemos necessariamente o efeito poderoso que pode exercer sobre nós. Para nos libertar, mesmo que isso pareça difícil, precisamos levar em conta a rede de expectativas familiares na qual provavelmente estamos enredados.

Deveríamos nos perguntar o que há no círculo de experiência profissional familiar e o que está fora – e cogitar se certas opções legítimas foram descartadas por razões arbitrárias ou por esnobismo. Deveríamos nos perguntar que sonhos nossos pais não conseguiram realizar, pois esses anseios podem estar sobre nossos ombros, em desequilíbrio com nossa essência. Deveríamos nos perguntar como nossos pais avaliavam as carreiras. Mesmo que dissessem abertamente, é claro, que todos os empregos são bons ("Só queremos que você seja feliz"), precisamos compreender em detalhe suas insinuações de que alguns empregos tinham mais valor do que outros.

Então, com essa exploração paciente, começaremos a enxergar as influências que ainda persistem, impedindo escolhas importantes e talvez nos privando de abraçar genuinamente uma carreira que, no fundo, suspeitamos ser a ideal para nós.

Exercício: Familiar e não familiar

1º passo
Faça uma lista dos empregos ou tipos de trabalho que sejam familiares a você, como aqueles exercidos por parentes e pessoas que conhece bem. Quais pareciam óbvios, o tipo de coisa que alguém de sua família faria de modo natural?

2º passo
Agora, considere carreiras fora do alcance da experiência de sua família (quando criança, talvez você nunca tenha conhecido um contador, um médico rural, um apresentador de TV, um professor de matemática, um especialista em RH ou alguém que trabalhasse em uma grande empresa farmacêutica). Liste alguns empregos que estavam completamente fora das normas da família, mas que pareçam surpreendentemente atraentes para você.

Exercício: Bom e ruim
O modelo familiar de trabalho que herdamos inclui ideias sobre o que torna um emprego bom ou ruim, admirável ou um pouco suspeito. As famílias têm sistemas de valores, mesmo que não sejam explícitas sobre eles; é útil se concentrar na relação da sua com o trabalho.

1º passo
Você já teve a impressão de que seus pais consideravam alguns tipos de trabalho sob uma ótica negativa, mesmo que eles talvez discordassem dessa afirmação? Por exemplo, podiam ter uma opinião desfavorável sobre advogados ou professores; podiam ter insinuado,

mesmo de modo velado, que trabalho braçal
é para os outros ou que quem não faz nada
que exija criatividade é digno de pena. Prepare
uma lista rápida de alguns empregos que sua
família consideraria "ruins". Na opinião de seus
familiares, o que havia de errado com eles? Qual
é sua opinião? Algum dos empregos "ruins" o
atraem ou poderiam atrair se você conseguisse
deixar de lado as opiniões que ouviu?

2º passo
Faça uma lista dos empregos que sua família
tinha em alta conta. O que seus familiares
viam de bom ou correto neles? Qual é a sua
opinião sobre esse tipo de trabalho? O que
haveria de pouco satisfatório ou pouco atraente
nessas carreiras?

Exercício: Casos

1º passo
Pense em como seus pais relatavam as vitórias
e os fracassos por que passavam no trabalho;
pode ter sido uma história à mesa do jantar ou
um desabafo ao chegar exaustos em casa após
uma longa jornada. Faça uma lista de todas as
lembranças do que disseram ou pensaram sobre

o trabalho – o trabalho deles, outros tipos de trabalho e o trabalho em geral.

Por exemplo:

- Os clientes sempre querem tudo mais barato. Não entendem a proposta.
- As grandes empresas estragam tudo.
- As empresas pequenas são sempre devoradas pelas grandes.
- Ser professor é um beco sem saída.
- É preciso ter um projeto de vida antes de arranjar um emprego.
- Ninguém sabe o que deveria fazer; todo mundo só vai fazendo e torce para dar certo.
- Muita gente consegue se dar bem sendo um lixo no que faz.
- O mérito é o segredo do sucesso.
- Geralmente, os colegas são preguiçosos, egoístas e estúpidos.
- É ótimo trabalhar com quem é um pouco melhor do que nós; só assim aprendemos.
- Vale tudo para chegar ao topo.
- Os chefes só veem o lado deles.

2º passo

Se um detetive particular tivesse que investigar você e os caminhos que percorreu ou com os quais sonhou, encontraria pistas de como essas suposições e opiniões da infância influenciaram

> sua vida? Há situações específicas contra
> as quais você se rebelou? Existem opiniões
> e pontos de vista que você adotou como
> elementos importantes de sua visão de mundo?
> Que traços de sua personalidade vieram do
> autoconhecimento e de reflexões próprias, e quais
> lhe foram transmitidos pelo ambiente familiar?

ii. Conserte seus pais

Um dos indicadores mais importantes, porém jamais explicitados, de que estamos no caminho certo em nosso trabalho é a sensação de que estamos em uma condição melhor do que nossos pais. Longe de indicar arrogância ou crueldade de nossa parte, pode ser um sinal legítimo de que encontramos uma ocupação que nos parece significativa e revigorante.

Mas precisamos nos concentrar no que significa "melhor condição". Tradicionalmente, a expressão é interpretada em termos financeiros. Entende-se que uma geração "está em melhor condição" do que a anterior quando pode morar em casas maiores e viajar para lugares paradisíacos nas férias.

Mas existe um modo mais sutil e interessante de interpretar o conceito de "estar em melhor condição". A expressão também se aplica a situações nas quais somos capazes de corrigir, por meio de nosso trabalho, alguns excessos, pontos cegos e concessões psicológicas de nossos pais. Afinal, sempre faltará algo na experiência de vida daqueles que nos criaram. Talvez papai não se divertisse muito. Talvez tivesse experimentado instabilidades financeiras quando criança e por isso avaliasse o trabalho sobretudo em termos de segurança. Talvez mamãe fosse meio frenética em sua busca por aventuras – em reação a uma infância enfadonha. Adorava artistas que ainda não tinham feito sucesso e cineastas radicais que nunca fariam. Era brilhante quando imitava seu irmão "careta", alvo de muitas piadas familiares.

Em algum nível, a escolha da carreira costuma ser pautada de forma semiconsciente pelo desejo de curar aspectos da psique de nossos pais. Podemos demonstrar, por exemplo, que é possível se preocupar com estabilidade e desenvolver uma carreira significativa ou que se pode ter uma alma e também se interessar pelo sucesso mundano. Talvez queiramos provar que é possível ganhar dinheiro e, ao mesmo tempo, se manter próximo dos filhos, ou meditar e cultivar o interesse pela ciência. Em nossa essência, somos impulsionados por tentativas de superar algumas limitações de nossos progenitores.

A escolha definitiva da carreira pode ser considerada uma tentativa de compensar alguns reveses e confusões da vida de nossos pais – sem romper com tudo o que era importante para eles. Podemos ser impelidos pelo projeto transgeracional de curar e corrigir. É agradável pensar que podemos resolver tudo ao longo da vida. Na verdade, talvez seja necessária a experiência combinada de duas ou três gerações para construir uma atitude sábia e efetiva (além de satisfatória) diante do trabalho. Sem dúvida, parte do que não conseguirmos ficará como herança para nossos filhos.

Portanto, uma pergunta reveladora a fazer é: como superar nossos pais em termos psicológicos, tanto em maturidade quanto em felicidade, com nosso trabalho? O que significaria corrigir pensamentos e sentimentos equivocados da geração anterior? Como ajudar nossos pais (mesmo que estejam mortos ou não se interessem muito por nossa ajuda; o inconsciente não costuma se importar com esses detalhes)? Essas perguntas podem nos ajudar a nos concentrar na nossa necessidade pessoal de desenvolvimento.

É útil e instrutivo querer superar os pais – não para humilhá-los, mas para corrigir algumas atitudes que os fizeram sofrer. Talvez nossos pais (não por culpa deles) fossem pouco estratégicos ou demasiado provincianos; ingênuos ou extremamente céticos. Viveram com seus problemas específicos, mas não precisamos repetir essa história. Podemos digerir seus reveses e aprender com eles. Ao escolher uma carreira, deveríamos dedicar algum tempo a nos perguntar, no princípio, o que de fato significaria para nós estar em "melhor condição" – no sentido mais profundo – do que nossos pais.

Exercício

Uma das maneiras menos óbvias, porém mais importantes, de saber se um emprego é certo para nós consiste em avaliar se ele nos permite melhorar a experiência de trabalho de nossos pais. Este exercício verifica o que isso pode significar para você.

1º passo

Pense nas ocasiões em que seus pais se sentiram incomodados ou frustrados com o trabalho que tinham. O que eles diziam que faltava na carreira? Na sua opinião, quais eram as deficiências e os excessos da vida profissional deles?

A vida profissional de seus pais era:
- pouquíssimo empolgante;
- arriscada demais;
- cansativa ou desanimadora;
- nada ambiciosa;
- concentrada demais em agradar os outros;
- sobrecarregada por metas implacáveis?

> **2º passo**
> Para cada problema, pergunte-se: "Em que tipo de emprego eu não o teria?" Pode não ser uma carreira "melhor" (pela medida padrão) do que a de seus pais. Por exemplo, talvez não ganhe mais do que eles nem tenha status social superior. Por que ela lhe parece uma melhora em relação à experiência de trabalho de seus pais?

iii. Os perigos do sucesso

Podemos imaginar que, pensando de maneira descomplicada, nossos pais (e irmãos, amigos, o restante da família) sempre ficarão contentes com nosso sucesso. Afinal de contas, comemoraram quando tiramos nota boa na prova de leitura aos 6 anos, portanto não há razão aparente para não ficarem sempre felizes com nossos triunfos, por maiores e mais variados que sejam.

Mas assim se corre o risco de perder de vista uma parte fundamental e bastante secreta da psicologia humana: nosso sucesso pode desestabilizar quem estiver por perto, principalmente nossos pais. Em consequência, podemos, de modo inconsciente, querer poupá-los de preocupações ou optar por desafiar seus sentimentos. Porém, pagamos um preço por isso, sentindo-nos ansiosos e culpados (dinâmica que pode levar a momentos de autossabotagem na carreira).

É natural que os pais busquem intimidade com os filhos; eles investem um tempo enorme recrutando-os para sua visão de mundo e educando-os para serem aptos e competentes. Mas esse amor não é incondicional; quase sempre, está cercado de pactos e exigências implícitas. Em dado momento, a generosidade parental esbarra em limites determinados pela autoestima e pela sensação de conquista potencialmente frágeis da geração anterior. Pode haver um ponto em que os filhos ameacem boicotar os pais, não com preguiça e indolência, mas, ao contrário, com conquistas vigorosas que os afastam do lar de onde vieram e silenciosamente condenam os pais pelo modo como viveram.

O sucesso dos filhos pode dar destaque aos muitos arrependimentos e concessões, em geral não ditos, de mães e pais, principalmente quando esse sucesso coincide com sintomas de recuo da carreira parental; talvez o pai tenha sido preterido e agora esteja claro que nunca será chefe do departamento; talvez a mãe tenha passado a trabalhar somente três dias por semana para cuidar da própria mãe doente.

Nesses momentos, podemos sentir culpa e inibição por perseguirmos avidamente nossas ambições.

O medo de fracassar é menor do que o medo das possíveis consequências do sucesso. Rivalizar com um pai, uma mãe ou mesmo um irmão pode ser um projeto secreto e emocionante – mas, ao mesmo tempo, tão assustador que talvez prefiramos desistir dele.

O sucesso, por mais desejado que seja, não é um estado descomplicado. Atrai admiração, mas também inveja. Escancara nossas virtudes, mas, sem querer, expõe de forma humilhante as pessoas que nos cercam. Diante de reveses profissionais, nossa tendência é pôr a culpa em fatores exteriores: as frustrações da hierarquia do escritório, os caprichos da economia. Mas às vezes as razões são puramente interiores, e não têm nada a ver com falta de talento de nossa parte: apenas a inibição psicológica de alcançar uma condição melhor do que a daqueles que nos criaram. Podemos "fracassar" para continuar bem-sucedidos em outras coisas a que somos apegados, como não humilhar nossos pais.

Quando refletimos sobre nosso progresso na carreira, talvez devêssemos nos fazer algumas perguntas ousadas e estranhas, porém úteis. Quem ficaria chateado com o meu sucesso? Tenho o desejo oculto de triunfar sobre quem? De quem estou tentando me vingar? Também podemos completar algumas frases:

- Se eu tiver sucesso, meu pai se sentirá...
- Se eu tiver sucesso, minha mãe se sentirá...

É claro que há uma alternativa ao sucesso: a autossabotagem. Afinal, a satisfação pode ser irritante. Achamos que estamos em busca da felicidade, mas, em geral, ela não é o que imaginamos. Talvez nossos pais tenham nos criado seguindo roteiros muito mais sombrios; talvez tenhamos aprendido a nos resignar a eles. Portanto, a possibilidade de uma carreira satisfatória, quando surge, pode ser pouco intuitiva e bastante assustadora. Não casa com nossas expectativas e não nos sentimos à vontade com ela. Talvez nossa preferência recaia sobre o que é conhecido e reconfortante, mesmo que difícil, em vez do que é bom ou gratificante, mas provoca antipatia.

Obter o que desejamos pode ser insuportavelmente arriscado porque nos deixa à mercê do destino; nós nos abrimos à esperança e, em consequência, à possibilidade de perda. A autossabotagem pode nos deixar tristes, mas, pelo menos, representa uma maneira segura e abençoada de permanecer no controle. Quando buscamos explicações sobre algum comportamento profissional nosso que não reconhecemos, pode ser útil considerar o conceito de autossabotagem. Deveríamos desconfiar quando nos flagramos exibindo um mau desempenho a pessoas que precisamos impressionar. Talvez seja uma estranha espécie de lealdade a uma versão infeliz de nós mesmos.

Também deveríamos ter cuidado perto de "amigos". A palavra está entre aspas porque muitos desses supostos "amigos" não seguem as regras de amizade que gostamos de achar que existem. É comum grupos de amigos se manterem tacitamente unidos por medos e vulnerabilidades em comum: o que todos temem é tão importante quanto o que todos admiram. O sucesso ou a nova iniciativa de um membro do grupo pode, portanto, destruir a delicada arquitetura psicológica do grupo. Na superfície, os amigos dizem que tudo o que fizermos estará bom para eles, mas, na realidade, algumas escolhas podem envenenar de modo radical suas opções de vida. Se abandonarmos a pesquisa científica para abrir uma loja, eles talvez se perguntem: será que foram sensatos ao bater pé em seu desinteresse por dinheiro? Se decidirmos entrar no ramo da tecnologia ou da pecuária, o que isso dirá sobre nossos amigos que se fixaram no ramo editorial ou na contabilidade?

Devemos ser generosos com a inveja dos outros; ela revela fragilidade. Mas isso significa que nem sempre encontraremos incentivo e apoio onde esperaríamos – não porque estejamos errados, mas porque o fato de estarmos certos irrita os outros. Eles talvez nos façam sentir que estamos errados, mas devemos ter sangue-frio e distanciamento emocional para imaginar que essa conversa talvez seja conveniente para eles; além disso, cada passo da carreira tem o potencial de nos pôr em conflito com as pessoas mais próximas. Às vezes, o preço de fazer o que queremos é aborrecer quem amamos. Talvez tenhamos que deixar alguns amigos de lado, fazer outros e recalibrar as relações com a família. Saber que tudo isso é parte normal e necessária do sucesso pode nos dar coragem para lidar com uma das características mais difíceis do progresso na carreira.

Exercício
Não costumamos pensar nos riscos do sucesso. Mas esse medo pode estar à espreita, oculto, mas poderoso, no fundo da mente, nos impedindo de dar o melhor de nós. O exercício a seguir ajuda a localizar essa ansiedade.

1º passo
De que maneira seu sucesso poderia aborrecer seus pais, mesmo que eles não digam isso abertamente e que, ao mesmo tempo, se orgulhem de seu sucesso?

Por exemplo, eles podem sentir que:
- Na verdade, não aproveitaram as oportunidades.
- Se lhe contassem a verdade sobre sua vida profissional, você teria pena deles, e detestariam isso.
- Você talvez não se impressione mais com as realizações deles, que parecem triviais perto das suas.
- Seria difícil lidar com o fato de você ganhar mais do que eles (por exemplo, quando saem juntos, o pai pode gostar de ser aquele que sempre paga a conta; mesmo que seja um fardo, é um fardo heroico, e isso lhe seria tirado).

2º passo
De que maneira o sucesso poderia aborrecer alguns amigos seus? Imagine que você seja rapidamente promovido a um cargo de responsabilidade considerável, passe a ganhar uma pequena fortuna e tenha a oportunidade de conviver com pessoas famosas. Isso despertaria a inveja no seu círculo próximo ou o medo de que você pare de se interessar pelos seus amigos?

3º passo
Qual amigo ou colega não lhe daria apoio se você anunciasse uma mudança de emprego? Por que

acha isso? Por exemplo, eles poderiam sentir que você os reprova indiretamente por não serem tão audaciosos. Podem achar que um emprego que consideram bastante bom não é suficiente para você. Podem temer que você mude e que essa mudança ameace a amizade.

4º passo
Quanto seus amigos e parentes apostaram na continuidade do que você faz agora? Algumas respostas possíveis: acostumaram-se a pensar em você exercendo essa profissão; ajudaram-no a começar e pareceria meio ingrato mudar; gostam de poder rotular você pelo emprego; temem que toda mudança envolva risco e não querem que você se machuque.

iv. Confiança e voz interior

Não é comum falarmos claramente sobre isso – e talvez nunca abordemos o assunto com outras pessoas –, mas, quando se trata de responder aos desafios que enfrentamos na carreira, muitos ouvem vozes. É como se tivessem dentro da cabeça uma torrente murmurante de opiniões sobre suas aspirações e realizações.

Às vezes, as vozes são acolhedoras e estimulantes, nos encorajando a ser fortes ou a dar outra chance a uma iniciativa: "Você está quase lá, vá em frente"; "Não deixe que o desânimo o derrube; descanse e estará pronto para uma nova luta amanhã". Em outras ocasiões, porém, são severas e condenatórias; seu tom é derrotista e punitivo, humilhante e marcado pelo pânico. Elas não representam de jeito nenhum o melhor de nós – nossas melhores ideias ou o auge da nossa maturidade. Dizem: "Seu idiota, imaginando que venceria essa parada"; ou: "Você sempre foge quando falam a verdade a seu respeito..."

A voz interior falar conosco dessa maneira ríspida talvez pareça natural, mas outra pessoa, em uma situação parecida, poderia ouvir um monólogo bem diferente na cabeça – e, em consequência, atingir suas metas com muito mais eficácia. Afinal, a confiança é um elemento importantíssimo para o êxito: a crença de que não há razão para o sucesso não ser seu. É humilhante reconhecer que muitas das grandes realizações que invejamos não resultaram de talento superior nem de conhecimentos técnicos avançados, e sim daquela estranha alegria da alma que chamamos de confiança. E, em última análise, essa sensação de confiança nada mais é do que a versão internalizada da confiança que os outros já depositaram em nós.

A voz interior é sempre uma voz exterior que já ouvimos, assimilamos e da qual nos apoderamos. Sem sequer notarmos, internalizamos as vozes das muitas pessoas que interagiram conosco desde a infância. Talvez tenhamos assimilado o tom amoroso e complacente da avó, o ponto de vista sereno do pai, o estoicismo bem-humorado da mãe. Porém, pelo caminho, nos apropriamos também do tom zangado ou atormentado do pai ou da mãe; das ameaças terríveis do irmão mais velho que tentava nos depreciar; dos comentários do valentão da escola ou do professor que era impossível agradar. E incorporamos essas vozes inúteis porque, em certos momentos-chave do passado, elas soaram extremamente cativantes e inevitáveis. Eram mensagens tão entranhadas em nosso mundo que se infiltraram em nossa maneira de pensar.

Para descobrir uma carreira que possamos amar, temos que fazer as pazes com nossas vozes interiores. Precisamos esmiuçar como elas atuam em nossa mente, o que nos dizem, de onde vieram. Auditá-las e excluir as menos úteis. É bom lembrar que podemos escolher as vozes que alimentamos. Deveríamos nos esforçar para garantir que o modo como falamos conosco se torne mais consciente, menos resultado do acaso, e planejar o tom a usar daqui para a frente em resposta aos desafios que enfrentarmos.

Melhorar o modo como falamos com nós mesmos significa encontrar vozes interiores alternativas, igualmente convincentes e confiantes, mas também úteis e construtivas. Pode ser a voz de um amigo, um terapeuta ou um certo tipo de escritor. Precisamos ouvi-las com bastante frequência e a respeito de questões muito complicadas, até que se transformem em respostas naturais e, finalmente, pareçam coisas que estamos dizendo a nós mesmos; elas se tornam nossos pensamentos.

O melhor tipo de voz interior fala conosco de maneira gentil, bondosa e sem pressa. É como alguém que nos conforta com um abraço cheio de empatia – alguém que viveu muito e viu muitas situações difíceis, mas não se amargurou nem entrou em pânico. Que não se afobou, que abriu caminho entre os reveses e, no final, teve sucesso ou, no mínimo, soube aceitar o fracasso sem se odiar.

Muitos de nós, diante de certas humilhações no trabalho, temos a sensação de que nossas dificuldades nos privam merecidamente do amor. Precisamos incorporar uma voz que separe realização de simpatia; que nos lembre que podemos ser dignos de afeto mesmo quando falhamos e que vencer é apenas uma parte, não necessariamente a mais importante, da identidade de cada um.

Tradicionalmente, essa é a voz da mãe, mas também pode ser de um amante, de um poeta que apreciamos ou de uma criança de 9 anos que conversa com um dos pais sobre um dia estressante no escritório. É a voz de uma pessoa que nos ama por quem somos, independentemente de nossas realizações.

Com frequência, crescemos cercados de gente irritadiça: gente que perdia a paciência quando o cartão do estacionamento sumia e que se zangava com entraves burocráticos, como pedir a segunda via da conta de luz ou cancelar o cartão de crédito. Essas pessoas não tinham fé em si mesmas e, portanto, sem intenção de nos causar nenhum mal, tampouco acreditavam em nossa habilidade. Toda vez que enfrentávamos um desafio, elas ficavam mais alarmadas do que nós. Perguntavam várias vezes se tínhamos pegado o agasalho ao sair. Preocupavam-se com nossos amigos e professores. Tinham certeza de que as férias seriam um desastre.

Agora essas vozes tomaram conta de nós e afetaram nossa capacidade de avaliar com precisão o que somos capazes de fazer. Internalizamos vozes irracionais de fragilidade e medo. Em determinados momentos, precisamos de uma voz alternativa que consiga frear esse medo desarrazoado e nos lembrar dos pontos fortes latentes dentro de nós, pontos que as torrentes de pânico esconderam. Nossa mente é um território grande e cavernoso; ela contém as vozes de todas as pessoas que já conhecemos. Deveríamos aprender a calar as inúteis e a nos concentrar naquelas de que realmente precisamos para nos guiar em meio às dificuldades da carreira.

Exercício
A meta deste exercício é fazer uma auditoria de nossas vozes interiores.

1º passo
Pergunte-se o que você tipicamente diria quando:
- teme que algo ruim vá acontecer;
- avalia como anda a situação;
- se incomoda com alguém;
- acha uma tarefa difícil;
- percebe que alguém se atrasou;
- tem que fazer algo que não quer.

Essas respostas lançam luz sobre o modo como falamos conosco, algo que talvez seja tão familiar e enraizado que nem sequer notamos. Também nos levam ao hábito de observar como nossa mente funciona.

2º passo
Como você classificaria as coisas que diz a si mesmo? Quais são negativas e quais são positivas e úteis?

> **3º passo**
> Consegue relacionar alguma dessas vozes interiores a pessoas de seu passado? Quais? Tente ligar uma ou mais pessoas a cada voz identificável.
>
> **4º passo**
> Encontre a mais bondosa delas; imagine que fala mais alto e com mais frequência do que as demais. O que essa voz lhe diria e em quais ocasiões?

v. A armadilha do perfeccionismo

Uma situação muito comum é desejarmos uma carreira específica porque conhecemos alguém que a exerce com excelência e ficamos profundamente impressionados com as façanhas desse profissional. Formulamos nossas ambições admirando as belas estruturas do arquiteto encarregado de projetar o novo aeroporto da cidade, acompanhando as operações intrépidas do gerente de fundos de investimentos mais rico de Wall Street, lendo as resenhas do romancista famoso ou provando as refeições exóticas do restaurante de um cozinheiro premiado. Formatamos nossos planos de carreira com base na perfeição.

Então, sob inspiração desses mestres, damos nossos primeiros passos – e os problemas começam. De um jeito marcante e absurdo, o edifício que conseguimos projetar, nossa primeira operação na bolsa, o primeiro conto que escrevemos ou o prato que cozinhamos para a família fica muito abaixo do padrão que motivou nossa escolha profissional. Nós, que temos tanta percepção da excelência, nos tornamos quase incapazes de tolerar a mediocridade – que, nesse caso, por acaso é nossa.

Ficamos presos em um paradoxo desconfortável: nossa ambição foi despertada pela grandeza, mas tudo o que sabemos sobre nós indica inépcia congênita. Caímos na "armadilha do perfeccionismo", definida como uma atração poderosa pela perfeição, porém despida de qualquer compreensão madura ou suficiente do que é necessário para atingi-la.

A culpa não é apenas nossa. De maneira velada, ou até sem perceber, nossos meios de comunicação apagam bilhões de vidas irrelevantes e anos de fracasso, rejeição e frustração, mesmo quando dizem respeito a pessoas que alcançaram o sucesso. Então nos oferecem uma seleção cuidadosa de momentos gloriosos de carreira, exceções raríssimas que, no entanto, são confundidas com a norma e a base da conquista. Começa a parecer que "todo mundo" tem sucesso, porque todos aqueles de quem ouvimos falar são de fato bem-sucedidos; esquecemos de imaginar os rios de lágrimas e de desespero que eles necessariamente também vivenciaram.

Nosso ponto de vista é desequilibrado porque conhecemos nossas batalhas internas muito bem, mas, externamente, somos expostos a narrativas de sucesso que parecem fáceis e indolores. Não perdoamos nossos primeiros esboços, toscos e primitivos, principalmente porque não vimos os primeiros esboços daqueles que admiramos.

Precisamos de um quadro mais justo das dificuldades que estão por trás de tudo o que gostaríamos de emular. Por exemplo, em vez de contemplar as obras-primas da arte em um museu, deveríamos visitar o estúdio do artista e sentir sua angústia, ver os primeiros esboços e as marcas de lágrimas no papel quando ele desmoronou e chorou. Deveríamos nos concentrar no tempo decorrido até o arquiteto receber seu primeiro projeto bem remunerado (ele já tinha passado dos 50); nos primeiros contos do escritor que hoje ganha prêmios; na quantidade de fracassos que o empreendedor teve de suportar.

Precisamos reconhecer o papel legítimo e necessário do fracasso e nos permitir ser imperfeitos no trabalho durante muitíssimo tempo. É o preço a pagar pela oportunidade de um dia, daqui a muitas décadas, fazer algo que os outros considerarão um sucesso fácil e espontâneo.

Exercício

O perfeccionismo é uma forma de impaciência e um entendimento equivocado do grau de excelência que algo precisa ter para se tornar viável.

1º passo
Pense em alguém que você admira profundamente e que trabalha na sua área. Liste as maiores conquistas dessa pessoa.

2º passo
Identifique ou tente imaginar os fracassos dela; talvez você não conheça os detalhes, mas imagine projetos que naufragaram, planos que falharam, livros que não eram tão bons, filmes que foram um desastre, negócios que deram errado.

3º passo
Faça uma cronologia profissional de seu herói: quanto tempo ele gastou com concessões ou fracassos? Quanta coisa deu errado e, mesmo assim, a situação, de modo geral, não degringolou?

4º passo
O perfeccionismo sugere que o fracasso é incompatível com o sucesso. Em parte, essa ideia se desenvolve a partir da ansiedade exagerada

> em relação ao que aconteceria se as coisas não dessem certo.
> - Como você define fracasso? Os outros costumam defini-lo assim?
> - Quando você fracassou?
> - Quais foram as consequências? Foram tão ruins quanto você tinha previsto?

vi. A armadilha do dever

Começamos a vida interessadíssimos em prazer e diversão. Em nossos primeiros anos, vivemos atrás de situações que nos divirtam, perseguindo nossas metas hedonistas com a ajuda de poças d'água, lápis de cor, bolas, bichinhos de pelúcia, computadores e objetos que encontramos nas gavetas da cozinha. Assim que algo se torna frustrante ou chato, simplesmente desistimos e vamos em busca de novas fontes de prazer – e ninguém parece se importar muito.

Então, de repente, aos 5 ou 6 anos, somos apresentados a uma nova realidade aterrorizante: a "regra do dever". Segundo essa regra, há algumas coisas (muitas, na verdade) que temos que fazer, não porque gostemos delas ou vejamos a razão, mas porque outras pessoas (muito autoritárias e intimidadoras, que chegam a ter quase o triplo de nosso tamanho) esperam que as façamos. Os adultos explicam que só assim seremos capazes de um dia ganhar dinheiro, comprar uma casa e sair de férias. Parece muito importante.

Mesmo quando, em casa, começamos a chorar dizendo aos nossos pais que não queremos fazer o trabalho escolar sobre vulcões para entregar amanhã, eles podem tomar o partido do dever. Talvez se dirijam a nós com raiva e impaciência – por trás das quais há apenas um grande medo. Eles temem que nos tornemos pessoas incapazes de sobreviver no mundo adulto – afinal, não demonstramos sequer força de vontade para terminar um simples dever de casa sobre lava porque preferiríamos construir uma casa na árvore.

Aquilo que realmente gostamos de fazer, que nos dá prazer, ainda tem importância eventual na infância, mas cada vez menos. Essas atividades são deixadas de lado e substituídas por um cotidiano de estudos; ficam reservadas para as férias e os fins de semana. Uma distinção básica se instala: passatempo é sinônimo de prazer; trabalho está associado a obrigação.

Quando terminamos a faculdade, essa dicotomia está profundamente entranhada. O resultado disso é que, em geral, não conseguimos nos perguntar com a energia necessária o que, no fundo do coração, queremos fazer na vida. Como gostaríamos de viver os anos que nos restam. Não foi assim que aprendemos a pensar. A regra do dever foi a ideologia no comando durante 80% de nosso tempo na Terra – e se tornou um hábito. Estamos convencidos de que um bom emprego, em essência, deve ser sem graça, desagradável e exasperante. Por que outra razão alguém nos pagaria para trabalhar?

O pensamento baseado na regra do dever tem esse prestígio todo porque parece um caminho seguro em um mundo competitivo e em que tudo custa muito caro. No entanto, essa regra não é garantia de verdadeira segurança. Depois de terminarmos os estudos, ela se revela uma desvantagem fantasiada de virtude. Render-se ao dever torna-se claramente perigoso. Há duas razões para isso.

Em primeiro lugar, de maneira geral, só alcançam o sucesso na economia moderna aqueles que conseguem agregar ao trabalho doses extraordinárias de dedicação e imaginação – e isso só é possível se, em boa medida, a pessoa se diverte (estado bastante incompatível com estar exausto e mal-humorado quase o tempo todo). Só quando nos sentimos intrinsecamente motivados é que somos capazes de gerar o nível altíssimo de energia e potência cerebral necessárias para brilhar em meio à concorrência. O trabalho que emana apenas do dever logo se revela frágil e incompleto em comparação àquele feito por amor.

A segunda consequência de exercer um trabalho configurado por nossa noção de prazer é que nos tornamos mais atentos aos prazeres dos outros – isto é, dos clientes que sustentam a empresa. Podemos agradar mais o público quando mobilizamos nosso próprio sentimento de prazer.

Em outras palavras, o prazer não é o oposto do trabalho; ele é um ingrediente fundamental do trabalho bem-sucedido.

Porém, é preciso admitir que perguntar a nós mesmos o que de fato queremos fazer, sem levar em conta o dinheiro ou a reputação que o trabalho nos trará, vai contra a suposição entranhada pela educação que recebemos sobre o que pode nos manter em segurança; portanto, é muito assustador. São necessárias perspicácia e maturidade imensas para se manter fiel a esta verdade: serviremos melhor os outros e daremos a máxima contribuição à sociedade quando nosso trabalho estiver alinhado ao que há de mais criativo e autêntico em nossa natureza. O dever pode nos garantir uma renda básica, mas só o trabalho sincero e guiado pelo prazer gerará um sucesso significativo.

Quando a pessoa sofre com a regra do dever, talvez este raciocínio mórbido seja útil: peça a ela que imagine o que pensaria de sua vida se estivesse no leito de morte. A ideia de morrer pode nos afastar do medo predominante do que os outros vão pensar. Afinal, a possibilidade do fim evoca um imperativo ainda mais elevado do que o dever perante a sociedade: o dever em relação a nós mesmos, a nossos talentos, interesses e paixões. O ponto de vista do leito de morte pode nos levar a perceber o perigo e a imprudência que se escondem no caminho sensato do dever.

Exercício

1º passo
Na infância, você pensava no trabalho como algo de que deveria gostar? Tente se lembrar de ocasiões específicas: talvez tivesse 10 anos, estivesse voltando da escola e percebesse que, algum dia, você teria um emprego. Imaginou que seria empolgante, como uma aventura, ou mais como uma tarefa a cumprir? Associou o trabalho à ideia de sempre ter de fazer algo que, na verdade, não queria? Por que você acha que pensava desse modo?

2º passo
Se lhe garantissem uma renda adequada desde que fizesse algo (qualquer coisa) durante pelo

> menos quarenta horas por semana, o que você faria? Você se sente mais entusiasmado com seus hobbies e atividades de lazer ou com o trabalho? Como se sentiria se deletasse o sentimento de dever?
>
> **3º passo**
> Se o dever não fosse um problema, o que você faria?

vii. A síndrome do impostor

Em muitos desafios, pessoais e profissionais, somos reprimidos pela ideia incapacitante de que pessoas como nós não poderiam triunfar. Afinal, sabemos o que realmente somos: estúpidos, ansiosos, desajeitados, grosseiros, vulgares e sem graça. Deixamos para os outros a possibilidade de sucesso, porque acreditamos que não somos o tipo que todos admiram. Quando se trata de assumir responsabilidades ou conquistar prestígio, logo nos convencemos de que somos apenas impostores, como um ator no papel de piloto, usando o uniforme e cumprimentando os passageiros, mas incapaz de ligar o motor. Melhor nem tentar.

A raiz da síndrome do impostor está na imagem

falsa que construímos de como os outros realmente são. Não nos sentimos impostores porque somos mais imperfeitos, e sim porque não conseguimos imaginar até que ponto todos são profundamente imperfeitos sob uma superfície mais ou menos polida.

A síndrome do impostor começa na infância, estimulada pela percepção, por parte das crianças, de que seus pais são muito diferentes delas. Uma criança de 4 anos não consegue compreender que um dia sua mãe também teve 4 anos, não sabia dirigir, não dava ordens ao encanador, não decidia a hora de dormir dos outros nem andava de avião com colegas. O abismo de status parece absoluto e intransponível. As paixões da criança – pular no sofá, assistir a desenhos, comer chocolate – não têm nada a ver com as dos adultos, que gostam de se sentar à mesa e passar horas conversando (quando podiam estar correndo lá fora) e tomar uma bebida com gosto de ferrugem (cerveja). Nossa primeira impressão marcante na vida é que os outros – principalmente pessoas competentes e admiráveis – na verdade não são nem um pouco parecidos conosco.

Essa experiência da infância condiz com uma característica básica da condição humana: todo mundo se conhece por dentro, mas só conhece os outros por fora. O tempo todo, temos consciência de nossas angústias, dúvidas e maluquices. Mas, sobre os outros, só sabemos o que eles fazem e nos contam – uma fonte de informação muito mais frágil e "editada". Com muita frequência, somos levados a concluir que nos situamos no extremo mais esquisito e revoltante da natureza humana, mas estamos longe disso; apenas não conseguimos imaginar que os outros sejam tão perturbados quanto nós. Sem saber exatamente o que perturba ou dilacera outra pessoa que, por fora, é admirável, podemos ter certeza de que deve ser *algo grande*. Talvez não saibamos exatamente do que se arrepende, mas haverá algum tipo de sentimento torturante. Não seremos capazes de adivinhar qual hábito sexual esquisito a deixa obcecada, mas algum deve existir. E sabemos disso porque compulsões e vulnerabilidades não podem ser maldições que recaíram unicamente sobre nós; são características universais do equipamento mental humano.

A solução da síndrome do impostor reside em um voto de confiança fundamental: acreditar que a mente dos outros funciona basicamente do mesmo jeito que a nossa. Todos devem ser tão ansiosos, indecisos e teimosos quanto nós. É um voto de confiança porque implica aceitar que boa parte do que somos e sentimos – sobretudo as partes mais vergonhosas e inadequadas – encontrará um equivalente em cada um de nós.

Uma das missões que, em termos ideais, as obras

de arte deveriam cumprir seria a de nos pegar pela mão e nos levar a um mergulho na mente das pessoas que nos intimidam. A percepção de suas experiências mais medíocres, confusas e irritantes nos ajudaria a entender que nossa vulnerabilidade não nos impede de fazer o que os outros fazem. Era a isso que o filósofo Montaigne (1533-1592) se referia quando, de maneira brincalhona, informou aos leitores, em francês claro, que "reis e filósofos cagam, assim como as damas".

A questão de Montaigne é que, apesar de todos os indícios existentes sobre esse fato, talvez não imaginemos que essas pessoas já tiveram que se agachar para fazer suas necessidades. Nunca vemos pessoas "distintas" nessa situação – embora, naturalmente, recebamos muitos avisos de nossa própria atividade digestiva. Portanto, construímos a noção de que, por termos um intestino mal-educado e, às vezes, bem desesperado, não poderemos ser filósofos, reis ou damas; se nos puséssemos nesses papéis, seríamos apenas impostores.

Esse exemplo é bom porque, apesar da falta de provas, sabemos que essas pessoas tão admiradas evacuam da mesma maneira que nós. Conduzidos por Montaigne, somos convidados a adotar uma noção mais saudável de como são de fato as pessoas ilustres e poderosas. Mas o alvo real não se restringe às funções fisiológicas; estende-se também à arena psicológica. Montaigne poderia ter dito que reis, filósofos e damas são dilacerados por dúvidas e sentimentos de inadequação, às vezes esbarram nas portas e têm pensamentos estranhos e lascivos sobre membros da própria família. Além disso, em vez de pensar apenas nos grandes personagens da França no século XVI, poderíamos atualizar o exemplo e nos referir a presidentes de empresas, advogados de grandes corporações, apresentadores de noticiários e jovens empresários de sucesso. Eles também não sabem lidar com algumas situações, sentem que podem fraquejar sob pressão e se arrependem de certas decisões. Do mesmo modo que o cocô, não são esses sentimentos que nos diferenciam deles. Nossa fragilidade íntima não nos impede de fazer o que eles fazem. Se estivéssemos naquele papel, não seríamos impostores; seríamos simplesmente normais.

Dar um voto de confiança à maneira como os outros são de verdade nos ajuda a humanizar o mundo. Significa que, sempre que encontramos um desconhecido, não estamos apenas encontrando um desconhecido; estamos encontrando alguém que, apesar dos indícios superficiais do contrário, em essência se parece muito conosco – e, portanto, não há nenhum obstáculo intransponível entre nós e a possibilidade de sucesso, responsabilidade e realização.

Exercício

1º passo
Pense em vulnerabilidades suas que os outros necessariamente desconhecem ou não esperam que tenha. Embora ache que sua fraqueza é óbvia, você é bom em esconder muita coisa sobre si mesmo. Imagine alguém surpreso ao descobrir certos fatos sobre você. O que surpreenderia essa pessoa?

2º passo
Pergunte-se por que essas falhas e vulnerabilidades suas não são sempre óbvias para os outros. Você as esconde por maldade, pelo desejo de enganar e iludir os demais? Ou há outras razões, menos sinistras? Talvez você nem esteja tentando escondê-las. Se suas falhas ficam invisíveis com frequência, há uma grande probabilidade de que isso aconteça com os outros também.

3º passo
Agora imagine o exercício ao contrário. Pense em uma pessoa que admira e tente imaginar que ela esconde os próprios problemas – por razões simples, nada ameaçadoras nem inquietantes. Quais seriam os medos e as falhas dela?

viii. A armadilha do investimento no emprego

Quase sempre, a possibilidade de mudar para um emprego que você possa amar parece remota porque envolve um período de retrocesso humilhante. Haverá, pelo menos por algum tempo, uma redução do salário; você terá que desenvolver novas habilidades; talvez precise voltar a morar com os pais; se sentirá incompetente durante um período; gente da sua idade estará muito à frente nesse tipo de trabalho; pode ser uma condenação a alguns anos de condições desfavoráveis. Talvez o processo de adaptação pareça lento e humilhante. Tudo isso vai contra a natureza das pessoas ambiciosas, que sentem um impulso visceral de avançar imediatamente, ver resultados rápidos e tangíveis e fazer um progresso óbvio. A ideia de ter que aprender algo novo pode parecer profundamente desconcertante. A armadilha do investimento no emprego assoma quando, em princípio, outra carreira parece muito atraente, mas o investimento em tempo e dignidade necessário para chegar lá parece tão desanimador que a pessoa deixa de lado a ideia como um todo e desiste – com grande custo pessoal, no fim das contas.

É irônico que a armadilha do investimento no emprego seja mais potente na juventude. Imagine alguém com 20 anos que planejou uma carreira na engenharia química e está bem posicionado para obter a qualificação necessária. Essa pessoa fez os cursos adequados na universidade, tem alguma experiência de trabalho na área, manteve contato com quem já estava no tipo de emprego que lhe parecia atraente. Fez um grande investimento. A certa altura, porém, começa a pensar muito a sério que deveria seguir uma carreira diferente. Talvez, para encontrar um emprego apaixonante, devesse se tornar paisagista ou bióloga marinha. Provavelmente, isso exigirá dela pelo menos dois anos de investimento no novo emprego.

Aos 20, dois anos parecem muitíssimo tempo. Representam 10% da vida inteira da pessoa até ali. Em termos psicológicos, é pior ainda. Com essa idade, talvez você só sinta que é "você" desde os 16; antes disso, estava naquela fase nebulosa entre a infância e a adolescência e não fazia ideia de como seria sua vida. Assim, esses dois anos parecem metade do seu tempo aqui na Terra. É um compromisso imenso.

O mais difícil – embora essencial – é entender como ficará a situação no futuro, quando você tiver, digamos, 56 anos. Nesse momento, dois anos terão um significado muito diferente. Serão apenas 1/20 (ou 5%) dos quarenta anos que terão se passado entre os 16 (quando você começou a ter um interesse real pelas possibilidades de trabalho) e o auge da meia-idade. Com o tempo, a duração dos estudos fica relativamente breve contra o pano de fundo de toda uma vida profissional, enquanto as consequências de não ter investido no que desejou estudar se amplificam.

Algo parecido acontece com a "armadilha do investimento no amor". Talvez você tenha passado alguns anos com alguém e, embora às vezes tudo seja bastante agradável, você sente que, no geral, não é um relacionamento muito bom. Porém, escolhe manter-se nele porque o investimento necessário para encontrar um parceiro mais adequado é assustador. O presente parece grande demais, e o extensíssimo futuro, que na verdade constituirá, de longe, a maior parte de nossa vida, não tem o peso que deveria.

Há duas boas razões para isso. Uma é que o futuro está ligado a uma narrativa de declínio. A ideia de envelhecer não é algo que acolhamos nem que nos empolgue. Ficamos melindrados com o envelhecimento. Como não nos animamos com a ideia de ter 60, 70 anos, achamos fácil (e até atraente) não pensar em quais serão nossos interesses e nossas necessidades nos estágios futuros da existência.

Vivemos em uma cultura de valorização da juventude. Somos constantemente lembrados de que é bom ser jovem, e poucas vezes estimulados a pensar no que poderia haver de atraente ou interessante em envelhecer. Não destinamos nenhum esforço criativo a descobrir o que nos ajudará a viver bem na meia-idade. Uma maneira de reagir a essa tendência consiste em traçar cronologias para nos forçar a compreender que o período dos 16 aos 24 anos é muito curto quando comparado àquele entre 24 e 48 ou entre 48 e 72. Na utopia cultural, aos 22 anos assistiríamos filmes e leríamos livros sobre a vida de pessoas de meia-idade. De tempos em tempos, seríamos lembrados de que pessoas de 50 e poucos anos costumam estar no auge da vida profissional, período em que ganham mais dinheiro e realizam feitos mais notáveis. Isso contribuiria para aumentar o envolvimento criativo com nossa própria vida futura; para avaliarmos os investimentos de agora não em comparação com as experiências mais recentes, mas à luz de um quadro que retrate de modo preciso nossa vida inteira.

O outro fator fundamental que torna facílimo esquecer o longo prazo é o fato de que, em geral, vivemos em bolhas etárias. Passamos a maior parte da vida em grupos de pessoas mais ou menos da nossa idade; com isso, não obtemos experiência intergeracional suficiente. Não somos atraídos pelo mundo interior nem pela experiência de pessoas muito mais velhas do que nós e, assim, não temos uma noção completa da realidade de seu estágio na vida.

Precisamos de uma estratégia mais ativa. Temos que pressionar as pessoas a falar conosco sobre sua experiência de vida. Temos que fazer perguntas importantes; temos que investigar e acompanhar. Que pedir mais detalhes. Precisamos perguntar especificamente como o ponto de vista delas mudou com o passar dos anos, o que passaram a ver de maneira diferente e por quê. E deveríamos fazer isso não só com um indivíduo, mas de maneira geral e com regularidade. Pode parecer insólito, mas pense nisto: faz sentido acreditar que, na busca por um emprego que possamos amar, talvez devêssemos dedicar algum tempo a desenvolver relacionamentos com pessoas bem mais velhas do que nós. Não é necessário que elas estejam envolvidas nas carreiras em que vimos pensando. A questão é mais geral. Estamos em busca de auxílio para refletir com seriedade sobre algo crucial, mas facílimo de esquecer: a realidade de nossas futuras décadas de vida.

Procuramos um jeito de pensar de forma mais completa e pragmática sobre o futuro para que possamos tomar grandes decisões com maior clareza. Talvez só então consigamos dimensionar o valor de um investimento difícil, mas importante; um investimento que, a um custo que talvez passe

Obstáculos e inibições

a valer a pena, nos ajude a encontrar uma carreira em que realmente acreditemos.

Exercício
Se soubesse que viveria até os 200 anos (aposentando-se por volta dos 173), como você avaliaria a ideia de passar dois anos aprendendo outra carreira? Isso mudaria seu modo de pensar?

Imaginar que o tempo está se esgotando é um bom modo de se concentrar nas prioridades. Mas o ponto de vista oposto também é útil. E se não houver nenhuma urgência? Você poderia dar espaço a aspectos de sua personalidade que normalmente são deixados de lado. Talvez não se preocupasse em arranjar um emprego "decente" tão cedo, porque poderia retomar isso em outras décadas. Não teria medo de voltar a estudar nem de trocar de carreira, porque o futuro seria tão longo que a mudança valeria a pena. Essa experiência de pensamento nos ajuda a ver o que temos em mente e que normalmente suprimimos devido à ansiedade com o tempo.

Exercício

1º passo
Pense em conversas que teve com pessoas

próximas que sejam vinte ou trinta anos mais velhas do que você; não devem ser seus pais nem parentes. Nossa maneira de pensar sobre os estágios futuros da vida é muito influenciada pelas experiências que tivemos (ou não) de uma visão em primeiro plano da vida dos outros, porém em estágios bem distantes do nosso.

2º passo
Deixemos de lado os aspectos negativos por um instante; o que haveria de bom em ter 45, 60 ou 75 anos? Vivemos em uma cultura que tende a admirar a juventude. Isso pode transformar o envelhecimento em uma experiência desastrosa, o que, curiosamente, dificulta pensar com seriedade em nosso próprio desabrochar a longo prazo. No entanto, se conseguirmos, pelo menos de vez em quando, pensar que talvez haja benefícios em ser mais velho, teremos um ponto de vista melhor: poderemos cuidar do futuro de maneira mais adequada e, quem sabe, ficar menos ansiosos também.

3º passo
Que arrependimentos ou preocupações você prevê que terá quando chegar a essa idade?

ix. Se a ideia fosse boa, não seria minha

Às vezes, nossas ideias sobre o tipo de trabalho que realmente queremos não combinam com nada que esteja disponível. Até conseguimos pensar em um emprego ou empreendimento que poderíamos amar, mas, quando o procuramos, não o vemos em lugar nenhum. Percebemos que, se quisermos continuar, teremos que inventar nossa solução; teremos que nos tornar empreendedores. Há muito entusiasmo com os empreendedores em nossa sociedade, como se eles personificassem o ápice da realização. Mas também há muitos temores sobre o que pode ser necessário para começar um negócio por conta própria. É fácil desanimar e duvidar da sensatez dos nossos impulsos originais.

Em geral, no cerne das dúvidas que nutrimos sobre nós mesmos, o fato de algo ainda não existir parece sinalizar à nossa mente que não vale a pena. Na verdade, o problema não é descobrirmos que nossa ideia não presta; é que achamos difícil nos imaginar criando algo original. Temos noções e ideias, mas desdenhamos delas porque fomos nós que as tivemos. Lidamos aqui com um tipo específico de falta de autoconfiança que reduz nossa fé na capacidade de dar origem a algo importante.

A própria palavra "empreendedor" é uma designação um pouco infeliz. Ela pode insinuar que talvez haja pessoas com uma característica especial, quem sabe estabelecida desde o nascimento, com uma aptidão rara que por certo não temos. Essas pessoas são empreendedoras; nós, não. Construímos um retrato mental delas como radicalmente diferentes de nós, possuidoras de uma alma mágica e incompreensível, embora admirável. Para contornar esse obstáculo, precisamos repensar o papel dos empreendedores.

Quando pensamos em um empreendedor, algumas imagens vêm à nossa mente: uma pessoa que faz muitas apresentações para levantar fundos, que fica até tarde da noite tomando café e estudando planilhas, que se interessa muito por tecnologia, mora em um loft e anda de bicicleta elétrica. Mas tudo isso é secundário. Em essência, o empreendedor criativo é alguém que sabe o que os outros querem – de verdade.

A princípio, talvez não pareça difícil descobrir o que desejam nossos colegas. Bastaria perguntar. Assim, decidiríamos quais seriam os produtos e serviços do futuro reunindo uma amostra aleatória de pessoas e perguntando-lhes o que gostariam de comprar um dia. Mas esse cenário tem um problema peculiar e quase incontornável: *os outros geralmente não sabem com antecedência o que querem, precisam ou gostam*. Mesmo que no futuro eles aplaudam um determinado produto, não podem oferecer a informação necessária para materializá--lo. Podem confirmar teorias, mas não dar origem a elas. A maioria das grandes inovações não teria ocorrido se dependesse dos resultados de pesquisas ou grupos focais.

O empreendedor criativo, portanto, é obrigado a recorrer a uma fonte de dados mais incerta e surpreendente, fácil de desprezar por ser tão onipresente, sem prestígio e (talvez a principal razão) dificílima de entender: nossa própria mente. A mente e o corpo, quando estamos em sintonia com eles, são instrumentos sensibilíssimos que, a cada minuto, geram pistas extraordinárias sobre nossas necessidades e nossa satisfação; e, por extensão, sobre as necessidades e a satisfação dos outros também, pois a natureza humana tem muito em comum. A introspecção adequada, a capacidade de lermos a nós mesmos com exatidão, imaginação e clareza, sem sentimentalismo nem preconceitos, nos oferece quase tudo o que precisamos saber sobre as principais exigências dos que nos cercam – e a partir disso é possível construir empresas sólidas. Quase sempre, quando se trata de inovação, conhecer a nós mesmos e entender os outros é essencialmente a mesma coisa.

A introspecção bem-sucedida, do tipo que leva à inovação, exige muita coragem, porque muito do que gostamos, queremos ou a que nos opomos com sinceridade difere do que a sociedade define como normal. Os pressupostos dominantes sobre produtos e procedimentos costumam conter ideias e respostas prontas que se afastaram bastante das verdades originais; no entanto, a maioria das pessoas é muito educada, inibida ou desconectada de suas reações autênticas para questioná-las. Ser leal a si mesmo talvez signifique ter que ser desleal a muita coisa prestigiosa.

Os inovadores bem-sucedidos, seja na arte, seja nos negócios, são os que conseguem permanecer fiéis a ideias que, quando surgiram, pareciam excêntricas e improváveis. Edward Hopper (1882-1967) pode não ter sido a primeira pessoa a perceber o encanto solitário da estação ferroviária, o anonimato reconfortante de uma lanchonete tarde da noite ou a característica lúgubre do domingo na periferia. Mas os que vieram antes dele abandonaram rapidamente essas sensações que não tinham apoio da sociedade em geral. Entre outras realizações, o personagem que chamamos de artista ou empreendedor é alguém que, em comparação com os outros, tem menos medo de ser considerado esquisito ao resgatar sensações pouco familiares, mas importantíssimas, e construir algo a partir delas. Hopper se tornou um grande artista pela lealdade à própria percepção.

Obstáculos e inibições

Durante a maior parte da história da arquitetura moderna, o elevador foi um dos elementos menos admirados e mais desprezados. O poço por onde deslizava era escondido com todo o cuidado, considerado desinteressante e não merecedor de nosso olhar. Porém, quando éramos crianças, muitas vezes nos flagrávamos curiosos tentando desvendar essa parte oculta dos edifícios. Quando as portas do elevador se abriam, vislumbrávamos o poço com seu eco fascinante e grande variedade de cabos, roldanas e mecanismos. Aquele conjunto parecia muito mais atraente do que todas as demais estruturas do prédio.

O arquiteto britânico Richard Rogers se tornou um grande inovador (e empreendedor) em parte porque soube ser leal a seu sentimento de entusiasmo em relação à tecnologia em geral – e aos elevadores em particular. Em vez de fazer o que era previsível, ele se manteve fiel ao próprio entusiasmo e acreditou que, sob nossa máscara de impassibilidade, muitos de nós também nutríamos curiosidade sobre esse elemento arquitetônico. Começando pelo Centro Pompidou (1971), seus prédios sempre expuseram o poço dos elevadores, transformando nossa jornada entre um andar em outro em momentos para admirar a engenhosidade técnica e mais: para sentir o espírito se elevar em contato com o dinamismo e a inteligência da engenharia moderna.

John Montagu (mais conhecido como conde de Sandwich) tinha acesso às melhores opções de almoço que sua época (1718-1792) e sua culinária tinham a oferecer. Poderia ter apreciado um bife servido em travessa de prata ou asas de frango grelhadas com beterrabas assadas; uma torta de cebola ou uma sopa sofisticada. Mas ele era arguto e percebeu que, enquanto jogava cartas com os amigos em seu clube no centro de Londres, gostaria de comer algo que lhe permitisse usar apenas uma das mãos com relativa velocidade e sem o risco de engordurar os dedos. Então pediu que pusessem a carne entre duas fatias de pão. Não era um mero capricho excêntrico (como pareceria ao garçom espantado); Sandwich identificara uma resposta não percebida, mas de brilhante precisão, a uma necessidade que nunca fora atendida.

Não parece coincidência que Sandwich fosse aristocrata. Embora seja a refeição diária de milhões de funcionários de escritório comuns, sua invenção mais famosa leva a marca de uma mente confiante o suficiente para valorizar as próprias informações; uma mente sem nenhuma pitada de feudalismo.

Muito antes de serem categorias sociais, feudalismo e aristocracia são, em certo sentido, categorias da mente. A mente feudal, que pode existir em qualquer classe, imagina que, invariavelmente, os outros saberão mais e que sua tarefa é obedecer. A mente aristocrática, que ninguém precisa ser conde para ter, permite que, apesar de todos os que vieram antes, ainda sejam feitas grandes descobertas. Sandwich teve firmeza para pensar de um modo vital para os inovadores: possivelmente perguntou-se o que gostaria de fazer ou pensar caso tivesse confiança suficiente para suportar os riscos e as críticas dos outros.

Em 1841, o filósofo americano Ralph Waldo Emerson publicou seu ensaio mais profundo, *A confiança em si*; nele, assume a tarefa de entender de onde vem a grandeza nos negócios, no governo, na ciência e nas artes – e sua resposta nos atinge de um modo tocante. Os gênios são os que sabem ser introspectivos e confiam nas próprias ideias e sensações. "Acreditar no próprio pensamento, acreditar que o verdadeiro para você, na privacidade de seu coração, é verdadeiro para todos os homens... isso é o gênio", escreveu Emerson. Embora a tentação seja sempre acreditar que os outros têm a resposta, o inovador "aprende a perceber e observar aquele brilho que lampeja em sua mente, mais do que o esplendor do firmamento de bardos e sábios [...]. Em cada obra de gênio reconhecemos nossos pensamentos rejeitados; eles voltam a nós com uma certa majestade alienada".

A diferença entre a mente criativa e a não criativa, portanto, não é que a pessoa criativa tenha pensamentos *diferentes*, e sim que leve mais a sério o que lhe passa pela cabeça. O que lhe permite fazer isso é uma qualidade muito cara a Emerson: a capacidade de resistir ao medo da humilhação.

A mediocridade é o resultado de deixar-se guiar mais pelo que os outros dizem e fazem do que pelos pensamentos e sensações que circulam (um pouco abaixo da superfície) em nossa mente. Sabemos internamente, de modo confuso, o que se pode fazer, mas não confiamos em nossa intuição silenciosa. Nos curvamos a uma história antiquada e submissa: a de que só os outros têm permissão para gerar boas ideias.

Agora que já foi inventada, a barra de cereais tem uma aura de inevitabilidade. Mas foi em 1975 que ela surgiu, obra do inventor Stanley Mason (também responsável pela embalagem de ketchup que se pode apertar). A raiz do problema era o já conhecido medo da esquisitice: parecia absurdo criar um produto que nada mais era do que um punhado de flocos de cereais secos e grudados. Durante décadas, as pessoas passaram pela experiência de chegar em casa com fome, meter a mão em uma caixa de papelão e devorar flocos de milho sem leite; no entanto, não levavam essa atitude a sério. Não conseguiam perceber que tal experiência, se transformada em produto, poderia criar um novo segmento. O medo de causar estranheza ainda sufoca uma parte substancial de nossas melhores ideias.

Examinamos esses casos de empreendedorismo com o objetivo de deslocar os bloqueios internos que aprisionam nossas ideias sobre o tipo de trabalho que realmente queremos fazer. O fato de uma ideia ainda não ter sido posta em prática não significa que não seja boa. O que a torna uma ideia boa é a precisão e a clareza com que adere à nossa noção do que gostamos e apreciamos. A análise meticulosa dos nossos pontos de prazer não é uma realização fútil nem superficial; ela é o melhor caminho para a compreensão do que temos a oferecer aos outros.

Exercício

1º passo
Passe o dia observando e registrando as coisas que o agradam ou incomodam.
Elas podem ser aparentemente triviais:
- Gostei muito do jeito como o motorista do ônibus parou e depois deu a partida suavemente; talvez ele tenha orgulho de dirigir bem.
- Não consegui carregar a pasta, o guarda-chuva e o café ao mesmo tempo.

Ou mais substanciais:
- Foi impressionante o jeito como o sócio minoritário trouxe a discussão de volta ao ponto essencial e resumiu a questão com clareza e simplicidade.
- Eu me senti péssima a manhã toda porque não parava de pensar na briga boba que tive com meu companheiro ontem à noite. Mesmo assim, não consegui me forçar a pedir desculpas porque nem tudo foi culpa minha.

2º passo
O que pode ser inventado a partir de suas insatisfações, seus anseios e amores? Algum produto ou serviço pode resultar dessas frustrações e prazeres? Nem tudo levará a uma conclusão concreta viável (pode não haver mercado real para clipes especiais que prendam um copo de papel no cabo do guarda-chuva). O objetivo dessas perguntas é estimular o hábito de levar a sério suas reações (positivas e negativas) como pistas da necessidade dos outros.

Exercício: Para consertar uma parte do mundo

1º passo
Que parte do mundo mais incomoda você? O que lhe dói saber, o que o comove, o que o faz chorar,

> o que o cativa quando assiste à televisão? Pais
> e filhos que não conversam, a guerra, crianças
> órfãs, edifícios feios, a educação ineficaz e
> desigual?
>
> **2º passo**
> O próximo passo é descobrir o que você,
> individualmente, pode fazer a respeito desse
> problema. Que talentos você tem que possam
> ajudar? Você é um bom negociador? Sabe
> como é chorar a perda de um ente querido?
> Saberia projetar apartamentos mais baratos que
> mantivessem a ambição estética?
>
> **3º passo**
> Finalmente, observe a interseção entre o problema
> do mundo e o que você pode fazer para contribuir
> com a solução. Localize essa área onde terá
> algo distinto a oferecer para ajudar a consertar
> o mundo.

x. Evolução, não revolução

Quando pensamos em dar uma guinada na carreira, é fácil nos afligirmos com a escala da mudança que temos em mente. Imaginamos que ela será drástica e explosiva. Sentimos que estamos diante de uma revolução em nossa vida. Tudo terá que ser diferente. De modo geral, essa possibilidade será muito desconfortável e assustadora.

É preciso reconhecer que nossa imagem de como seria e como ocorreria a mudança talvez se torne um fator problemático e inibidor. Podemos nos agarrar ao que é conhecido ou pegar o caminho oposto, mergulhando de maneira radical e intempestiva em uma intensa revisão de nossa vida, pedindo demissão e fazendo uma viagem para outro continente. Buscamos o desconhecido; flertamos com os extremos porque somos guiados pela noção natural (mas equivocada) de que, para ocorrer, a mudança terá que ser avassaladora.

Esse hábito funesto da mente também surge nos relacionamentos. A situação é delicada e sabemos que é preciso fazer alguma coisa para melhorar a vida a dois. Mas, em vez de imaginar uma série de pequenas mudanças que possam regenerar nosso atual relacionamento, escolhemos a opção explosiva: temos um caso, nos mudamos ou nos divorciamos.

Uma abordagem mais útil é pensar em termos de passos menores e alterações graduais; isto é, em termos de evolução em vez de revolução.

A evolução é um processo de mudança profundamente válido, mas, em geral, não levamos muita fé nele. Uma razão para isso é o fato de ser dificílimo

Obstáculos e inibições

vê-la em ação – e, portanto, acreditar em sua existência. Quando optamos pela evolução, é raro haver um momento decisivo em que a mudança pareça óbvia. É como o crescimento dos filhos: não observamos nenhuma alteração no dia a dia, mas, com o tempo, a criança de 11 meses que engatinha pelo tapete e se empolga com um chaveiro de plástico laranja se transforma em uma pessoa de 16 anos e 1,80 metro obcecada por mountain bike. Sabemos que um milhão de pequenas mudanças ocorrem a cada dia nos anos intermediários, mas elas quase nunca se anunciam como passos importantes. Em silêncio, os ossos crescem, os ligamentos se expandem, as vias neurais ganham forma, os talentos se acumulam aos poucos, atitudes e interesses se consolidam.

Em parte, investimos tanto na celebração dos aniversários justamente para termos uma visão melhor da evolução pessoal. Essas comemorações nos oferecem momentos regulares de comparação, suficientemente distantes entre si para reconhecermos o efeito cumulativo das pequenas mudanças. Por isso é tão comovente marcar a altura do filho na parede do quarto. Semana a semana, nenhuma mudança é observável a olho nu. Mas as marcas vão subindo a cada ano. Esse artifício compensa uma fragilidade natural: a dificuldade que temos de acreditar em processos que não podemos ver.

Nosso cérebro simplesmente não é muito bom em acompanhar evoluções.

Os historiadores lutam há muito tempo com essa questão. Quando queremos identificar as imensas mudanças em determinada sociedade ao longo de um século, é tentador olhar sobretudo para os maiores acontecimentos públicos (eleição de um novo governo, morte de um personagem importante, uma guerra, um tratado de paz). Na realidade, porém, em geral é o acúmulo de milhões de mudanças minúsculas que fez a diferença. Ler sobre elas não é tão emocionante, mas explica com mais exatidão o que de fato aconteceu e por que as coisas acabaram ficando como ficaram.

Portanto, não surpreende que achemos difícil adotar uma abordagem evolutiva em nossa vida. Não fomos suficientemente treinados para enxergar a relação entre pequenas atitudes e as grandes alterações do quadro geral. Porém, para encontrar um emprego pelo qual possamos nos apaixonar, seria prudente experimentar primeiro alguns passos modestos. Talvez assistir a uma aula uma vez por semana ou passar três dias durante as férias explorando uma opção, ou ainda um treinamento de meio expediente, mesmo que leve dois anos para dominar o novo procedimento. Uma mudança enorme pode ser desencadeada por uma ação que não tem nada de radical, como voluntariar-se para uma nova responsabilidade no emprego que você já tem. Pequenos passos podem fortalecer nossa coragem ao nos informar sobre talentos em uma área na qual ainda temos pouquíssima experiência. Eles afastam a sensação inútil, mas predominante, de que só há dois caminhos: permanecer onde estamos ou mudar radicalmente. Sempre há uma terceira opção, muito menos glamorosa e quase sempre menosprezada, mas que devemos examinar: a evolução cautelosa.

Exercício

Em vez de nos pressionarmos a planejar e executar uma grande mudança, podemos experimentar projetos secundários ou pequenas aventuras nas horas vagas. Que mudanças você pode fazer para checar se tem talento em uma área sem dar o grande passo revolucionário de se comprometer com ela?

Por exemplo:

- Peça para fazer uma experiência em outra área de trabalho dentro de sua empresa.
- Tire férias, mas, em vez de viajar, peça para acompanhar alguém em uma semana de observação.
- Faça amizade com alguém que já tenha o tipo de trabalho que está no seu radar.

- Se tiver que se mudar, passe algum tempo visitando o tipo de lugar para onde iria.
- Se as pessoas que exercem a profissão que você deseja frequentam certos bares ou restaurantes, vá lá também.
- Imagine que é um ator preparando-se para o papel de alguém que tem esse emprego. Leia o que leem, compre o que compram; imagine-se na pele do personagem.
- Faça um estágio ganhando menos do que ganha.
- Faça um curso noturno.

xi. A força estimulante da morte

No início da era moderna, uma peça decorativa comum nos locais de trabalho de pessoas importantes era um crânio. O objetivo desse lembrete amargo da brevidade da vida não era deixar os donos deprimidos com a futilidade de todas as coisas. Ao contrário, a ideia era animá-los a criticar aspectos específicos da própria experiência e, ao mesmo tempo, liberar espaço para que dessem atenção a outros, mais sérios. A lembrança da morte tem o poder inigualável de nos tirar da letargia "imortal" do cotidiano e nos forçar a concentrar a mente no que de fato queremos fazer.

Gostamos de imaginar que sempre haverá tempo para descobrir nossas verdadeiras ambições. No entanto, pode ser útil entrar em pânico enquanto ainda há tempo. Em *Uma confissão* (1882), um registro do pânico produtivo desencadeado pela consciência da morte, Liev Tolstói reconheceu que, aos 51 anos, com *Guerra e paz* e *Anna Kariênina* já publicados, rico e mundialmente famoso, ele não vivera de acordo com os próprios valores nem com os valores de Deus, e sim com os da "sociedade". Esses últimos despertaram nele um desejo inquieto de ser mais forte do que os outros; de ser mais famoso, mais importante e mais rico do que eles. Em seu círculo social, "ambição, amor ao poder, cobiça, lascívia, orgulho, raiva e vingança eram respeitados". Mas agora, ao refletir sobre a morte, ele duvidava da legitimidade de suas ambições anteriores. "Ora, terás 6 mil dessiatinas de terra no governo de Samara e trezentos cavalos, e daí? [...] Muito bem; serás mais famoso do que Gógol, Pushkin, Shakespeare ou Molière, ou que todos os escritores do mundo – e daí? Não consegui encontrar nenhuma resposta."

A resposta que finalmente abrandou suas perguntas foi Deus. Ele passaria o resto de seus dias obedecendo aos ensinamentos de Jesus Cristo.

Independentemente de nossa opinião sobre a

solução cristã de Tolstói para enfrentar a crise do sentido da vida, sua jornada cética segue uma trajetória conhecida. É um exemplo de que pensar na morte pode nos levar a um modo de vida mais verdadeiro e significativo; é uma conclamação solene a definirmos nossas prioridades.

Heródoto conta que, ao final dos banquetes egípcios, quando os convivas estavam mais alegres, era costume que os criados entrassem nos salões e passassem pelas mesas exibindo esqueletos em macas. Hoje, a ideia da morte talvez sirva para nos impelir na direção do que é realmente importante para nós, e que pode ser navegar no rio Nilo, escrever um livro ou ganhar uma fortuna. Ao mesmo tempo, pode nos incentivar a dar menos atenção ao julgamento dos outros, que, afinal de contas, não morrerão em nosso lugar. Uma reflexão sobre nossa própria extinção pode nos empurrar para o modo de vida que valorizamos no fundo do coração. Não precisa ser cruel; na verdade, essa reflexão pode ser a atitude mais bondosa para integrar a forte consciência da morte à busca do trabalho que possamos amar.

Exercício

1º passo
Calcule quantos anos você ainda pode ter em relação à expectativa média de vida em sua região do mundo. Então, subtraia vinte anos por conta de um câncer ou enfarte (duas causas de morte frequentes). O objetivo é gerar um grau de ansiedade útil e construtivo em torno do tempo limitado que nos resta. Isso talvez nos ajude a combater uma tendência comum: a de supor que não é urgente buscar o que consideramos realmente importante na vida.

2º passo
Se só lhe restasse um ano de vida, o que você faria? Se quiser tirar doze meses de férias, o que isso revelará sobre sua ideia de trabalho? Você conseguiria imaginar que, se só tivesse um ano, gostaria de passar boa parte dele trabalhando? Como precisaria ser seu trabalho para que você se sentisse assim?

Exercício
O que deseja que as pessoas digam de você em seu funeral? Elas farão muitos comentários simpáticos e comoventes, é claro, mas

concentre-se aqui nas verdadeiras realizações – sobretudo aquelas que as pessoas talvez nem pensem em mencionar (ou nem saibam), a menos que você tenha revelado a elas em detalhes.

Por exemplo:

- Como você venceu o medo de começar um negócio por conta própria.
- Como aprendeu a lidar melhor com a autoridade.
- Como aprendeu que a vida acontece aqui e agora, e não em outro lugar.
- Como deu um jeito de associar seu lado criativo ao emprego (que, inicialmente, parecia fechado a isso).

4
Consolações

i. Felicidade e expectativa

A grande meta deste livro é entender o projeto de ser feliz no trabalho. Como vimos, uma parte fundamental desse objetivo consiste em descobrir mais sobre as próprias ambições e o próprio caráter e combinar isso a uma avaliação das necessidades do mundo profissional. Porém, independentemente do conceito de felicidade que tenhamos em mente, é preciso levar em conta outro elemento: a questão da expectativa. A felicidade em qualquer contexto depende, em essência, de até que ponto esperamos ser felizes. Nossa felicidade não resulta apenas de uma boa situação externa, mas de como as circunstâncias se posicionam em comparação com o que imaginamos que poderia nos acontecer.

Nossa atitude moderna diante da carreira tem como base uma história longa e complicada. Em geral, não temos consciência disso, mas nossa expectativa em relação ao trabalho, ao salário e ao status está longe de ser "natural" ou eterna. Ela resulta de uma teia complexa de ideias relativas à mobilidade e às oportunidades de sucesso que evoluíram durante séculos.

Na Idade Média, se você morasse em Bristol, na Inglaterra (na época, um porto marítimo movimentado, mas pequeno), provavelmente não teria ideia do que acontecia em Londres, Paris ou na corte real da Espanha. Informações não urgentes nunca circulavam pelo país, como, por exemplo, a notícia de que as damas da nobreza gostavam de prender o cabelo com redes de tecido ou que preferiam luvas vermelhas bordadas com pérolas em padrões florais.

Branca de Lencastre, primeira esposa de João de Gante e mãe de Henrique IV, era a mulher mais bem-vestida da Inglaterra em meados do século XIV. Mas não podia estar *na moda* – porque levava tempo demais para as pessoas descobrirem o que ela vestia.

A filha de um mercador abastado de Bristol talvez se interessasse muito por roupas, mas não poderia se comparar com as grandes damas de Londres, como Branca – simplesmente porque não sabia como elas se vestiam. Seja como for, Branca dificilmente pareceria pertencer à mesma espécie.

Então, em agosto de 1770, saiu o primeiro número da revista *The Lady's Magazine*.

Consolações

Na década de 1770, *The Lady's Magazine* começou a divulgar notícias de moda nas províncias inglesas.

Todo mês, a revista trazia ilustrações detalhadas do que as mulheres de maior prestígio vestiam; assim, notícia sobre toucas e vestidos de cintura alta podiam circular rapidamente pelo reino. Também descrevia as atividades sociais de ricos e celebridades, em um tom que parecia, ao mesmo tempo, íntimo e tagarela, como se essas fidalgas fossem amigas das leitoras. Graças ao tom das reportagens, Lady Bedford não era mais uma aristocrata distante e desconhecida, tão remota quanto um planeta de

Um trabalho para amar

Ilustração de *The Lady's Magazine*, 1812. As informações sobre a vida elegante da classe alta aumentaram a insatisfação das pessoas comuns com o próprio cotidiano.

outra galáxia. Era alguém um pouco mais jovem do que você, com uma cintura elegante e olhos cinza-azulados, que se abanava com um delicado leque de Veneza e comparecera recentemente a uma festa na casa da marquesa de Dorchester; nessa festa, foram servidas torta de arenque e paleta de carneiro com tomilho. As carruagens foram buscar os convidados após uma da madrugada.

Quem lesse a publicação poderia, pelo menos, comparar suas roupas e atividades sociais com as dos ricos e dos bem relacionados de Londres. Assim, esses leitores tiveram a oportunidade de vivenciar uma emoção bastante nova: o sentimento de terem sido cruelmente excluídos pela moda, pela sociedade e pelo mundo. Podiam sentar-se à janela, no vilarejo de Finchingfield, no condado de Essex, observando as nuvens cinzentas passarem devagar no horizonte, conscientes, pela primeira vez, de que a vida acontecia de fato em outro lugar. Até então, a pessoa poderia ter experimentado a exclusão, é claro, mas apenas por parte de conhecidos que moravam perto. Talvez seus primos não gostassem de sua colheita de amoras ou o vigário não a convidasse para jantar. No entanto, a revista se apresentava como uma fonte confiável que revelava onde todas as damas do país passavam seu tempo e o que vestiam – e ela não estava lá.

Na verdade, *The Lady's Magazine* não incorporava o espírito da época manifestando-se com autoridade universal. Era uma publicação precária, inventada por um homem chamado John Coote, que funcionava em um escritório sem graça na Watling Street, perto da Catedral de São Paulo, em Londres. Mas as revistas têm esse hábito de soar como a fonte da suprema verdade – especialmente quando folheadas com um estado de espírito desconsolado, em uma poltrona da casa da família na Inglaterra rural.

Os novos meios de comunicação do século XVIII se dispuseram a mostrar a um setor mais amplo da sociedade a incompletude de sua vida: em *The Spectator*, um fazendeiro aprenderia que era caipira; *The Tatler* incentivava os cavalheiros locais a admitir que suas conversas eram provincianas; *The London Magazine* lembrava aos mercadores de York que eles moravam na cidade errada; e as adolescentes descobriam graças à *Town and Country Magazine* que, em termos de atributos, nenhum pretendente chegava aos pés dos exemplos que a revista apresentava. Técnicas de impressão mais eficientes, o uso de tintas com cores especiais, uma rede confiável de estradas e postagem barata conspiraram para criar novas possibilidades até então desconhecidas para que cada pessoa se sentisse mais e mais insatisfeita consigo mesma.

Não invejamos todos os que têm mais do que nós; invejamos aqueles com quem aprendemos a nos comparar – e em relação aos quais, em certos aspectos, nos sentimos em pé de igualdade. No mundo antigo, não ocorreria a nenhuma pessoa comum invejar um aristocrata ou monarca. Esses personagens nobres viviam em mundos separados e esforçavam-se ao máximo para mostrar ao resto do mundo que eram diferentes – e que era inconcebível alguém chegar a ser como eles. Suas roupas, seus hábitos e modos de vida deixavam claro: ninguém deveria supor que fossem normais.

Luís XIV da França (1638-1715) gostava de se apresentar em público com capas de arminho e casacos de brocado dourado. Levava um bastão dourado. Às vezes, vestia uma armadura. É claro que isso era extremamente arrogante e injusto, mas produzia uma grande vantagem: não era possível acreditar que você, com sua mundanidade profana, conseguiria alcançar o cume. Não havia como invejar os poderosos, pela simples razão de que a inveja só começa com a possibilidade teórica de que seja legítimo e viável possuir o que a pessoa invejada já tem.

O mundo moderno, por sua vez, se baseia na noção aparentemente generosa de que, na verdade, todos têm os mesmos direitos. Não em termos de posses e status atuais, mas em termos de potencial.

Um trabalho para amar

HYACINTHE RIGAUD, *Retrato de Luís XIV*, 1701.

Não há limite para o que qualquer um de nós pode conquistar. Hoje, você pode estar meio sem dinheiro, com pouco prestígio e ferido pela rejeição. Mas pensamos que esses problemas são transitórios. O trabalho duro, a atitude positiva e as ideias brilhantes têm toda a probabilidade de reparar essa situação em seu devido tempo. Tudo é uma questão de força de vontade. Sempre há histórias edificantes sobre o sucesso dos que se esforçaram: por exemplo, a pessoa que viajou durante cinco anos pela América do Sul sem fazer praticamente nada produtivo, depois voltou para casa, mudou de vida e abriu uma empresa que hoje vale mais do que o PIB de muitos países pobres. Para reforçar a noção de igualdade, essa pessoa não anda por aí de armadura, e poderia ser um professor de matemática ou o motorista do táxi que você pegou no aeroporto. A modernidade nunca deixa de enfatizar que algum dia, de algum modo, o sucesso pode ser seu.

Mas há uma crueldade oculta e desgastante nessa narrativa de que o mérito e o potencial acabarão trazendo alguma recompensa. Sabemos que só uns poucos terão sucesso. A sociedade ainda é uma pirâmide, e o topo continua muito estreito. Quase sempre, por definição, os sonhos nossos e da nossa família para o nosso futuro nunca vão se realizar. Mas, apesar de todos os indícios, achamos sofrido e dificílimo aceitar que vidas frustradas são a regra.

Se isso já não fosse ruim o bastante, é muito assustador pensar no fracasso em condições nas quais somos responsabilizados por ele. No mundo antigo, o fracasso era como um acidente, algo no âmbito do azar ou criado pelas maquinações incognoscíveis dos deuses. Os que estavam na camada mais pobre da sociedade eram chamados de "desafortunados" – em termos etimológicos, pessoas não abençoadas pela Fortuna, deidade que distribuía favores sem lógica nem desígnio. Nenhum mérito ou desgraça podia ser vinculado à posição da pessoa.

No mundo moderno, porém, o fracasso perde sua condição de acidente e, portanto, de alvo natural da caridade e da solidariedade dos ricos; passa a ser visto como consequência direta de uma falha pessoal. Em uma era meritocrática, que acredita que os vencedores criam a própria sorte, os desafortunados ganham um nome bem menos bondoso: perdedores. Somos considerados os únicos autores de nossa biografia e, portanto, capazes de assumir todo o crédito – e a culpa – pelo resultado. Não admira que a taxa de suicídios cresça exponencialmente. Ao desconforto da pobreza, soma-se o fardo psicológico corrosivo da vergonha.

O mundo antigo foi gentil em seu pessimismo. Em toda parte, ficava visível que a vida era frustrante, de um modo essencial, não incidental, e que a abordagem mais sábia seria aprender a praticar, desde tenra idade, uma filosofia de resignação e renúncia. Por mais hábil que se fosse no manuseio da foice ou por mais diligência que se tivesse ao limpar o campo, ficava evidente que, em termos básicos, ninguém mudaria seu destino. Como dizia Sêneca (4 a.C.-65 d.C.), um dos escritores mais famosos e amados do Ocidente pré-moderno: "Que necessidade há de chorar por certo acontecimento da vida? Toda ela exige lágrimas." Ou como explicou Nicholas Chamfort (1741-1794), o genial escritor francês amargo e empobrecido: "O homem deveria engolir um sapo toda manhã para ter certeza de que não encontraria nada mais repulsivo ao longo do dia."

Os pessimistas estavam sendo meigos ao tentar nos libertar do fardo da expectativa. Percebiam que havia uma crueldade imensa e irracional embutida discretamente na afirmação magnânima de que todos podiam alcançar a satisfação nesta Terra. Entendiam que, quando uma exceção é equivocadamente apresentada como regra, nossos infortúnios individuais, em vez de nos parecerem aspectos quase inevitáveis da vida, pesarão sobre nós como maldições particulares. Ao negar o lugar natural reservado aos anseios e desastres no destino humano, a ideologia de esperança do mundo moderno nos negou a possibilidade de encontrar consolo coletivo por nossos relacionamentos incontroláveis, nossas ambições natimortas e carreiras frustradas. Pelo contrário: nos condena a sentimentos solitários de perseguição por não atender a expectativas que, para começo de conversa, talvez não sejam tão naturais assim.

Em termos ideais, a imaginação humana se limitaria a instigar ambições que estivessem em um raio de alcance prático. Não seríamos sonhadores tão inveterados. Mas nossa esperança disparou. Ela não se detém para fazer uma avaliação precisa de nossa capacidade pessoal e da possibilidade de que o mundo exterior acolha nossos planos. A natureza nos dotou da capacidade de gerar esperanças, que é benéfica para a espécie, mas pode não funcionar muito a nosso favor como indivíduos. Do mesmo modo que o salmão é capaz de nadar corredeira acima para retornar a seu local de desova, somos programados para alcançar objetivos (ter sucesso, vencer, dominar) que não levam em consideração nossa capacidade pessoal de cumpri-los. Para a natureza, tanto faz se conseguimos compor uma bela sonata ou lançar uma ideia valiosa de negócio; nossos impulsos independem do talento de concretizá-los. Só um salmão em mil consegue ter sucesso e se reproduzir...

O otimismo do mundo moderno aumentou exponencialmente as oportunidades de felicidade, mas também expandiu muitíssimo o espectro do pânico e do perfeccionismo frustrante. Áreas de atividade humana que até então pertenciam ao terreno das coisas que provavelmente dariam muito errado foram transferidas para o território das coisas que poderiam e deveriam ser perfeitas. Isso fez do ideal a norma e internalizou o fardo do fracasso.

A modernidade pôs diante de nós uma infinidade de opções. No entanto, esqueceu o fundamento trágico de que nunca entendemos o mundo (nem a nós mesmos) o suficiente para fazer escolhas corretas de maneira confiante. Faltam-nos a experiência e as informações relevantes, mas precisamos tomar decisões que terão consequências gravíssimas na nossa vida e na dos outros. Deveríamos expandir os negócios para o mercado sul-coreano? Está na hora de um exercício de reposicionamento da marca em grande escala? Peço demissão se não for promovido? Aceito o emprego em Nova York ou a oferta em Tânger? Se meu parceiro ou parceira receber uma proposta para trabalhar na Alemanha, vou junto ou rompemos? Se tiver filhos, arranjo mais trabalho (para pagar as despesas) ou menos (para passar mais tempo com eles)? Será que é a hora certa de entrar no mercado imobiliário ou espero a turbulência passar?

Quando chegarmos à meia-idade, teremos tomado várias centenas de grandes decisões. Delas, quinze podem ter sido desastrosas, e pagaremos por esses erros pelo resto da vida. Esse é o dilema central do existencialismo. Essa filosofia, que se desenvolveu na Dinamarca no século XIX, dedicou atenção compassiva e inteligente às dificuldades derivadas do fato de que os seres humanos têm pouco tempo e conhecimento insuficiente para escolher o melhor a fazer. O existencialista Søren Kierkegaard (1813-1855) passou a vida lutando com a questão de não saber com quem deveria se casar. Por algum tempo, achou que tinha encontrado a resposta: uma moça atraente chamada Regine Olsen. A princípio, Regine o rejeitou, depois o aceitou, e nesse momento ele começou a ter dúvidas. A saga durou uma década e provocou muitas mágoas a todos os lados. A dor levou Kierkegaard a um dos trechos mais maravilhosamente destemperados de sua obra-prima *Enten – Eller* (*Ou isso ou aquilo – um fragmento de vida*), aplicável tanto ao casamento quanto a qualquer área em que seja preciso fazer escolhas:

> Case-se, e se arrependerá; não se case, e também se arrependerá; case-se ou não, se arrependerá do mesmo jeito. Ria da tolice do homem, e se arrependerá; chore por ela, e também se arrependerá; ria da tolice do mundo ou chore por ela, e se arrependerá de ambos. Acredite em uma

mulher, e se arrependerá; não acredite, e também se arrependerá [...] Enforque-se, e se arrependerá; não se enforque, e também se arrependerá; enforque-se ou não, se arrependerá do mesmo jeito; quer se enforque, quer não, você vai se arrepender das duas coisas. Essa, cavalheiros, é a essência de toda filosofia.

Os existencialistas nos oferecem um ótimo corretivo ao ponto de vista normal e pernicioso de que a escolha inteligente é possível e não guarda nada

Orestes perseguido pelas "Fúrias" do remorso e do arrependimento: imagem extremada de uma experiência corriqueira.

de trágico em sua estrutura. A abordagem kierkegaardiana abranda a noção sentimental moderna de que a perfeição é alcançável. Sofrer com a agonia da escolha não é uma anomalia; é um dos elementos mais previsíveis e pungentes de estar vivo.

Uma pessoa que passe tempo suficiente na Terra, mesmo que não possua nenhuma característica especialmente maldosa, se verá enredada em dificuldades extraordinárias. Será atacada por remorsos. Será torturada todo dia pela ideia de que, se tivesse agido de maneira diferente uma década antes, a situação hoje seria muito melhor.

Os escritores trágicos gregos tratavam esse tema com extrema compaixão. Para eles, havia um segredo para lidar com isso: admitir que o arrependimento era quase sempre inevitável. Eles se sentiam especialmente tocados pela história de vida de Édipo. Em uma viagem, o talentoso e ambicioso Édipo foi detido por pessoas que acreditou serem ladrões. Então atacou seu líder e o matou. O que ninguém sabia naquele momento era que o homem que Édipo havia assassinado era, na verdade, seu pai. É claro que, se essa informação estivesse disponível, tudo teria sido diferente. O motivo pelo qual os gregos tanto gostavam dessa história era a ideia de que Édipo não tinha culpa. Obviamente, porém, quando descobriu o que fizera, ele foi atormentado pela culpa e pela tristeza.

Consolações

Faz bem ouvir essa mensagem; saber que todas as vidas são marcadas de alguma forma pelo remorso nos ajuda a lidar com esse sentimento. A vida "sem remorsos" só existe nas canções. A solução para reduzi-lo é combater a sensação de que estava ao nosso alcance escolher corretamente, mas fracassamos. A decepção é a condição humana, mesmo que a modernidade não queira admitir.

Deveríamos ter paciência conosco, pois vivemos sob o capitalismo. Em termos de experiência humana, trata-se de um modo novo e complicadíssimo de organizar a vida. Os economistas definem o capitalismo de maneira bastante técnica: significa competição entre empresas pelo acesso a investimentos; implica uma demanda extremamente instável, com consumidores trocando de fornecedor em busca do melhor negócio; exige uma devoção extenuante à inovação, em uma batalha constante para oferecer ao público produtos novos e melhores a preço mais baixo. Funcionando assim, o capitalismo trouxe muitos benefícios. Produziu carros elegantes e arrebatadores; sanduíches deliciosos; hotéis encantadores em ilhas remotas; jardins de infância felizes e coloridos. Porém, o mais perturbador é que também gerou cidadãos imensamente ansiosos.

Para enfrentar nossos problemas em um estado de espírito um pouco mais sereno, deveríamos admitir que a descoberta do que fazer é uma tarefa inerentemente digna e complexa. Em vez de se entregar à fé romântica no sentimento intuitivo, esse processo, assim como o de descobrir o que fazer depois, deveria ser reconhecido como o que de fato é: uma das empreitadas mais capciosas, complicadas e cansativas que temos de encarar. Deveria ser normal dedicar a máxima atenção intelectual apenas a essa questão. Seria de esperar que, em determinados momentos, precisássemos de muita ajuda externa. Em outros momentos, talvez necessitássemos de uma semana de folga de tudo e todos para nos entregar a reflexões solitárias, livres da pressão de agradar (ou deliberadamente frustrar) os outros.

Descobrir o que fazer exige todo esse tempo e esforço não porque sejamos estúpidos ou complacentes, mas porque a decisão se baseia em indícios dispersos e imperfeitos. Nossa experiência nos oferece informações confusas. De verdade, quais são nossos pontos fortes? Há momentos de tédio e de entusiasmo; situações com que lidamos bem, outras que foram interessantes durante algum tempo e, depois, deixamos para lá; tudo isso precisa ser identificado, decodificado, interpretado e organizado. Temos de sopesar alguns interesses conflitantes. Quanto risco somos capazes de suportar sem nos estressarmos demais? Qual a importância de sentir que os outros, em geral, respeitam o que fazemos? Encontrar respostas precisas a essas perguntas exige um nível elevado de autoconhecimento.

Uma das experiências mais marcantes vividas por quem se torna escritor é a de aceitar as inconsistências de um primeiro esboço – e do segundo, do terceiro e, talvez, de muitos mais. Para quem está começando, parece um sinal de incompetência produzir uma versão inicial sem as qualidades que se espera ver em uma obra bem-acabada. Há a expectativa de que deveria ser relativamente simples encadear alguns parágrafos razoáveis. A revelação mais dolorosa, embora produtiva, é que, na verdade, essa é uma tarefa bem complicada. Os pensamentos e as associações brotam na mente do escritor de maneira confusa e desordenada. O que ele quer dizer se esconde trás de um significado mais conhecido. O vínculo entre alguns pontos não é óbvio. O autor ainda não sabe o que deveria vir primeiro e o que se encaixaria depois. Talvez precise reescrever o material dez ou vinte vezes antes que entendam o que ele de fato está tentando comunicar; esse é apenas o necessário para que ele desembaralhe as ideias. Claro que nem todos escrevemos romances, mas a sequência de esboços nos diz algo sobre a mente em geral. A tentativa de entender a nós mesmos será um processo longo e complicado envolvendo muitas eliminações, mudanças e reposicionamento do material existente.

As grandes escolhas importantes que tentamos fazer na carreira e ao longo de sua evolução ocorrem inevitavelmente sob condições adversas. Muitas vezes temos pouco tempo; muitas vezes não conhecemos direito as opções. Em última análise, tentamos descrever alguém que jamais conheceremos completamente – nós mesmos no futuro – e adivinhar, da melhor maneira possível, o que será melhor para essa pessoa que nos tornaremos. As circunstâncias vão mudar; setores inteiros surgirão e desaparecerão, mas teremos construído um determinado conjunto de habilidades, adquirido conexões sociais específicas e nos ajustado a um futuro que apenas imaginamos.

Com frequência, temos contato na esfera pública com pessoas muito hábeis em exibir seus talentos e demonstrar ambição. Ouvimos falar muito delas, embora na realidade sejam poucas e, portanto, constituam uma base de comparação que não é útil nem sensata. Seria melhor que nos espelhássemos em modelos que revelam o padrão mais comum: pessoas que se apegam a pressupostos equivocados, tomam o caminho errado, afastam-se cuidadosamente da opção que, depois, descobrem ser a melhor e dedicam-se com entusiasmo a linhas de atuação desastrosas.

Essa calamidade universal é tristíssima. É quase certo que morreremos sem desenvolver boa parte de nosso potencial. Muito do que poderia ser feito permanecerá inexplorado. E talvez você vá para o túmulo com parte da sua alma implorando reconhecimento ou leve consigo uma sensação de fracasso por não ter alcançado muita coisa. Mas isso não é motivo de vergonha; pelo contrário, deveria ser uma das características mais básicas a reconhecermos uns nos outros: nosso destino comum. É muito triste, mas não é triste só para você. Uma ideia trágica e curiosamente consoladora é que a imaginação sempre supera o potencial. Ninguém se realiza; essa é uma consequência do modo estranho como nossa mente evoluiu.

O objetivo dessa longa digressão em torno das raízes da experiência moderna é reconfigurar nossa experiência profissional e, de modo mais específico, nos lembrar como nossas esperanças e nossos sonhos no que diz respeito ao emprego foram historicamente ambiciosos. Somos herdeiros de grandes expectativas. Elas surgiram por razões muito nobres, mas têm um grave efeito colateral: estamos propensos a nos decepcionar mesmo em circunstâncias que, em termos objetivos, são bastante favoráveis. Se conseguirmos incorporar esse contexto histórico, ele pode nos ajudar a equilibrar nossa esperança, colocando-a em um patamar mais realista. Não para nos deprimir (que, em geral, é como interpretamos qualquer redução da esperança), mas por uma razão muito mais grandiosa: nos deixar mais alegres e contentes.

ii. Autocompaixão

Para sobreviver no mundo moderno, precisamos ser muito bons na autocrítica. Precisamos garantir que nada que nosso pior inimigo possa nos dizer já não tenha sido admitido integralmente por nós; nos tornamos especialistas na arte do ódio a nós mesmos. Sabemos contemplar nossa mediocridade sem sentimentalismo nem favorecimento; permitimos que a paranoia triunfe sobre o sossego e a complacência. Mas, por mais habilidosos que nos tornemos nessas manobras, há sempre o risco de que nossa vitória extrapole os limites. Em resposta a determinados reveses profissionais, passamos a nos desprezar a tal ponto que achamos difícil levantar da cama. Com o tempo, podemos até concluir que talvez seja melhor dar cabo da própria vida.

Para atenuar essa probabilidade, talvez devêssemos explorar um estado emocional bastante temido pelos ambiciosos: a autocompaixão. Ela pode parecer um convite à indulgência e, portanto, ao desastre, pois atribuímos muito de nosso sucesso à ansiedade e à autoflagelação. No entanto, deveríamos admitir que esses momentos de autocuidado têm grande valor.

Por algum tempo, até nos fortalecermos de verdade, deveríamos ter coragem suficiente para acolher um ponto de vista mais generoso a nosso respeito. Ok, falhamos, mas nem por isso perdemos o direito à solidariedade e à compaixão. Fomos derrotados não só por sermos cretinos, mas também:

1. Porque as chances estavam contra nós

Costumamos nos apaixonar de forma tão rápida e distraída pelo sucesso que não notamos a escala dos desafios que assumimos. Sem querer, somos sugados para o "fenômeno da loteria".

No mundo moderno, muitos países têm loterias, e toda semana muitos milhões de pessoas fazem apostas na esperança de enriquecer da noite para o dia. O mais espantoso é que, com frequência, os pobres é que são os mais entusiasmados. É fácil entender por que desconsideram as estatísticas; se de fato compreendessem como a chance de ganhar é pequena, nem se dariam ao trabalho de apostar. A probabilidade de levar o grande prêmio é de 1 em 14 milhões (quase a mesma de ser um dos filhos da rainha da Inglaterra, hoje de 1 em 15 milhões). Naturalmente, temos um pouco de pena de quem investe em uma esperança tão fugaz. São pessoas que miram um alvo minúsculo.

Sem perceber, fazemos praticamente a mesma coisa. Também compramos vários tipos de bilhete de loteria e torcemos por milagres estatísticos, embora não notemos o mecanismo em ação. Isso também acontece em relação à nossa esperança de felicidade no trabalho.

Pouquíssimas pessoas, se é que existe alguma, têm verdadeiro sucesso durante toda a vida profissional. Se fôssemos descrever uma carreira bem-sucedida ideal, talvez ficasse assim: alguém bem jovem escolhe a área certa a que se dedicar; descobre e explora novas oportunidades importantes; negocia contratos excelentes; salta de uma realização a outra; faz a transição para outras áreas no momento ideal; obtém honras e reconhecimento público pelo esforço; e se aposenta com a sensação de ter alcançado tudo o que se dispôs a fazer. Goza de uma velhice digna e respeitada, é admirado pelos descendentes e ocasionalmente realiza manobras hábeis de orientação nos bastidores como eminência parda. (Morre tranquilamente com 90 e tantos anos, de alguma doença não dolorosa, em um quarto tranquilo e cheio de flores, depois de redigir um testamento sábio e generoso.)

Esse roteiro ocorre quase com a mesma frequência de um bilhete premiado na loteria. Mas (para nossa surpresa, apesar da educação que recebemos e de nos considerarmos pessoas práticas e realistas), talvez tenhamos investido muita energia em uma versão modificada desse fenômeno: também pensamos que as boas carreiras são assim. E achamos que faz sentido esperar que algo parecido aconteça conosco. Não percebemos como é raro e improvável alcançar um alto patamar de sucesso na carreira. Há pouquíssimas vagas no alto escalão das empresas; raros empreendedores são extremamente bem-sucedidos; para um artista, é dificílimo alcançar êxito comercial; quase ninguém ganha a vida escrevendo romances. E os poucos que são realmente bem-sucedidos quase sempre pagaram um preço alto na vida pessoal: sacrificaram relacionamentos e amizades; vivem ansiosos; correm riscos imensos que quase não valem a pena; enfrentam jornadas de trabalho extenuantes; às vezes, foram impelidos pelas forças descontroladas do medo e do desespero. Podemos admirar as conquistas de carreira dessas pessoas, mas em geral não invejaríamos a vida que levaram.

Nosso cérebro – essa massa defeituosa que pensa por nós – acha difícil entender probabilidades e estatísticas. Imaginamos que certas situações são muito mais comuns do que de fato são. Tendemos a supor que o 1% da população no topo da pirâmide leva uma vida de luxo inimaginável, percorrendo o globo em jatinhos particulares. Mas na França, por exemplo, o 1% mais rico ganha, em média, 200 mil euros por ano (mais ou menos 225 mil dólares); é bastante, porém suficiente apenas para comprar a ponta da asa de um Cessna Hemisphere, que custa 30 milhões de dólares. É fácil achar que muita gente tem barriga de tanquinho, embora, na verdade, isso seja raríssimo; na Austrália, por exemplo, só 2% dos adultos estão em boa forma e, quando se chega à meia-idade, é praticamente impossível não ser flácido. No Reino Unido, cerca de metade da população se preocupa com dinheiro todos os dias; 30% acreditam que não são amados por ninguém. No entanto, é improvável que estatísticas como essas venham à mente quando pensamos em nossa vida: somos influenciados pelas imagens e histórias que nos chamam a atenção com mais frequência. Mesmo sem nenhuma intenção sinistra, os meios de comunicação nos mostram exceções o tempo todo, porque é disso que gostamos e, portanto, é o que pagamos para saber.

E assim passamos a sentir que habitamos um mundo bem diferente daquele onde vivemos. Provavelmente nossa sociedade imaginária tem mais homicídios, mais cães raivosos, mais tubarões antropófagos e mais pessoas lindas e felizes em festas glamorosas do que o mundo real. E, claro, pensamos que há mais gente bem-sucedida do que existe na realidade. Nosso mapa mental do sucesso provável, normal ou plausível na carreira se deslocou involuntariamente para cima. Por isso, nos sentimos menos satisfeitos do que deveríamos com nossa carreira.

Os dados que nos vêm à cabeça são muito tendenciosos. Se pudéssemos ver de fato como são a vida e o trabalho dos outros, provavelmente teríamos uma opinião muito diferente sobre nossos cargos e realizações. Se pudéssemos ficar invisíveis e espiar a vida e os pensamentos de todo mundo, como um anjo que tudo enxerga, veríamos que há muita decepção; que não faltam ambições fracassadas; veríamos quanta confusão e incerteza há por trás de portas fechadas; quantas discussões raivosas e lágrimas derramadas. Teríamos um quadro radicalmente diferente da realidade – e radicalmente mais correto. O que admitimos que somos é muito mais moderado do que realmente somos. Veríamos como são pouquíssimas as pessoas de sucesso e o nível de estresse que acompanha esse sucesso exterior. E perceberíamos com profunda clareza que, em termos estatísticos, as metas que estabelecemos são irreais.

Em alguns aspectos, seria uma lição dolorosa. Talvez ficássemos chocados, entristecidos e decepcionados ao concluir que, com toda a probabilidade, não alcançaremos o que esperávamos. Por outro lado, seria uma experiência reconfortante e tranquilizadora. Sentiríamos um pouco mais de ternura por nós mesmos por não termos tirado a sorte grande na loteria do emprego. Em vez de manter o foco no que é exceção – os muito bem-sucedidos – nossa mente se ajustaria ao modo normal.

Mesmo sem sermos excessivamente ingênuos, provavelmente fomos cegados e limitados em nossa ideia do que aconteceria conosco. Nos agarramos a uma esperança equivalente a pensar que ganharíamos a Mega-Sena acumulada. Não merecemos críticas. Merecemos um pouco de piedade (vinda de nós mesmos) pelos obstáculos formidáveis que encontramos em nossa busca pelo sucesso na carreira que gostaríamos de ter, mas que dificilmente cairá no nosso colo. Nossa vida profissional muito imperfeita parecerá menos vergonhosa e angustiante quando avaliada contra um pano de fundo estatisticamente realista (e é assim que deveria ser).

2. Porque somos malucos

Sem nenhuma intenção pejorativa, pois todo mundo é assim e não se pode evitar: o fato é que somos malucos. Somos malucos porque só agimos com a razão de vez em quando; porque reagimos às situações segundo o prisma distorcido de nossa infância semiesquecida e sempre problemática; porque não entendemos direito nem a nós nem aos outros; porque perdemos o controle sobre nossa pequena reserva de paciência e equilíbrio. Ser maluco é inevitável.

A noção cristã de pecado original enfatiza que, necessariamente, tudo o que é humano será sempre imperfeito. Nossos primeiros ancestrais, Adão e Eva, cometeram um erro que lançou uma sombra por toda a história humana. Não é preciso acreditar nessa tese para reconhecer que ela oferece uma implicação redentora: nossa vida deu errado não por esse ou por aquele erro de nossa parte, mas devido a uma falha muito mais profunda e básica da nossa espécie, uma mancha endêmica que nunca poderá ser corrigida.

É inevitável que nossa maluquice permeie a nossa carreira. Isso significa que tomaremos algumas decisões apressadas que darão muito errado. Ficaremos furiosos com determinadas pessoas que, na verdade, não merecem nossa ira. Nos sentiremos agitados quando deveríamos estar calmos, e nervosos quando precisaríamos estar confiantes. Talvez nos tornemos inimigos de pessoas cuja amizade deveríamos cultivar e tenhamos preguiça em momentos nos quais precisaríamos concentrar nosso esforço. Não acontecerá o tempo todo, só o suficiente para limitar nossas oportunidades e assegurar que não inventemos para nós o caminho profissional ideal. E, por mais que nos culpemos, essas falhas não vão desaparecer, porque não resultam de algum erro recente que cometemos e que poderíamos corrigir. Elas fazem parte de nossa natureza humana danificada, da dose de loucura que todos recebemos como recompensa por simplesmente termos nascido.

3. Porque o fracasso é sempre o resultado mais provável

Trata-se de uma condição universal essencialmente triste; no entanto, insistimos em sentir vergonha, no âmbito privado, daquela verdade sobre a condição humana que deveria ser a mais básica e reconhecida: as pessoas erram muito.

Durante muito tempo, de maneira cruel e sentimental, nossas sociedades indicaram o contrário: que podemos vencer e venceremos. Ouvimos falar de resiliência, de dar a volta por cima, de nunca desistir e de tentar de novo. Nem todas as eras e grupos sociais foram tão impiedosos. Na Grécia Antiga, vislumbrou-se uma possibilidade extraordinária – tão estranha quanto uma trirreme nos dias de hoje: era possível ser muito bom e, mesmo assim, estragar tudo. Para fixar essa ideia na arena da imaginação coletiva, os antigos gregos desenvolveram a arte do drama trágico. Uma vez por ano, em grandes festivais nas principais cidades, todos os cidadãos eram convidados a assistir a histórias de fracassos apavorantes, muitas vezes hediondos; histórias de pessoas que desrespeitaram uma lei menor, tomaram uma decisão apressada, dormiram com a pessoa errada sem medir as consequências e, por fim, sofreram punição e ignomínia rápidas e desproporcionais. Mas a responsabilidade jamais cabia apenas aos heróis trágicos; era obra do que os gregos chamavam de "destino" ou "deuses" – um modo poético de ressaltar que o que acontece com os indivíduos não é um reflexo justo de seus méritos. As pessoas saíam do teatro libertadas do moralismo fácil, solidárias às vítimas e com medo em relação a si próprias.

A sociedade moderna tem dificuldade em lidar com tudo isso e parece incapaz de aceitar que uma pessoa verdadeiramente boa possa não ter sucesso. Quando alguém falha, parece mais fácil acreditar que, afinal de contas, aquela pessoa não era tão boa assim, conclusão que nos defende de um pensamento muito mais perturbador, menos alardeado, porém mais verdadeiro: o mundo é muito injusto.

Todos estamos à beira da tragédia em uma sociedade que reluta em nos oferecer dramaturgos solidários que narrem nossa história.

4. Porque invejamos as pessoas erradas

Começamos a invejá-las porque se pareciam muito conosco e desejávamos ardentemente ser como elas. Nossa noção básica de igualdade deflagrou uma angústia competitiva. Ocorre que, embora a distância esses personagens bem-sucedidos de fato se parecessem muito conosco, sob a superfície, claro, eles tinham talentos que nos faltavam: por exemplo, um cérebro incomum, capaz de sintetizar uma imensa quantidade de dados de um jeito engenhoso. Ou se forçavam a trabalhar dezoito horas por dia, ou tinham uma característica impiedosa que não éramos capazes de imitar (nem nos interessava). O pensamento inquietante – por que eles, por que não eu? – deveria deixar de nos convidar à autotortura e ao pânico competitivo e despertar um sentimento incomum de admiração.

De fato, pode haver diferenças significativas entre nós e a pessoa invejada. Nunca fomos iguais a ela. A preguiça ou alguma força persecutória não explicam nossa atual situação relativa. Quando analisadas de forma objetiva, algumas realizações estão mesmo além do alcance. Deveríamos nos tornar espectadores e admiradores das pessoas que são capazes de alcançá-las em vez de rivais desapontados desses seres espetacularmente incomuns.

5. Porque o quadro macroeconômico estava errado

O alcance e as recompensas por talentos específicos variam muitíssimo de acordo com o momento. Somos filhos das circunstâncias. O progresso de nossa carreira não depende só da força e do quilate de nossa habilidade, mas também do que, com palavras grandiosas, poderíamos chamar de "era do mundo".

Ideal seria divulgar os próprios interesses e talentos em um cenário econômico favorável e surfar nessa onda. Imagine ser um arquiteto eclesiástico competente no Reino Unido da segunda metade do século XIX (quando foram construídas numerosas igrejas com financiamentos polpudos de diversas seitas); um ator razoável em Hollywood em 1926; ou entrar no setor petrolífero em 1953, no de mineração na Austrália em 2001; ou ainda ser um empreendedor tecnológico mediano em 1997 (desde que tenha conseguido mudar de ramo em 1999).

Essas épocas foram fabulosas para essas carreiras, embora hoje as possibilidades sejam muito mais restritas. Não que não haja literalmente nenhum trabalho nessas áreas, mas é raro e a concorrência é feroz.

Ao escolher uma carreira, é preciso levar em conta não apenas a questão puramente pessoal da definição dos próprios talentos e pontos fortes. Há outro aspecto inesperado nos bastidores: se o clima predominante é favorável. Muitas vezes podemos ser puxados para um redemoinho. E aqueles que escaparam ilesos talvez só tivessem tido sorte – embora dificilmente admitam isso.

6. Porque entramos em rota de colisão com a política do escritório

Mesmo quando conseguimos um emprego que, de modo geral, é o certo para nós, ficamos fatalmente expostos a uma circunstância: o temperamento dos nossos colegas. É sempre possível ter gerentes imperfeitos, colegas invejosos e clientes problemáticos. Não é por acaso que enfrentamos esses obstáculos à satisfação no trabalho; eles resultam de uma constatação dolorosa sobre as pessoas em geral: os indivíduos levam muitos problemas para a vida profissional. Podem ser muito inábeis ao dar instruções; ficar inseguros com o sucesso dos outros; querer dominar as reuniões; ser dissimulados e puxar o nosso tapete; ou podem ter uma forte tendência a fugir à responsabilidade. É muito improvável que consigamos encontrar um emprego em que não aconteça nada disso, porque não se trata de um defeito de locais de trabalho específicos, mas de um reflexo da natureza humana. A política no escritório é inevitável e faz com que nenhum emprego chegue a ser tudo o que, idealmente, gostaríamos que fosse.

7. Porque estamos muito cansados

É comum atribuirmos nossos piores pânicos a fatos e ideias bem embasados. Chegamos a um momento no qual parece que está tudo errado no trabalho. Quando erramos ou achamos que não chegaremos a lugar nenhum, somos treinados para pensar que a causa do problema deve ser muito impressionante: temos uma visão errada das necessidades do trabalho, não somos inteligentes, caímos no tipo errado de carreira. Mas a explicação real para nos sentirmos tão deprimidos e ineptos pode ser bem mais simples. Talvez não tenhamos tomado um bom café da manhã ou tenhamos dormido mal. Talvez tenha havido uma série de dias nublados e sintamos falta do sol; talvez tenhamos ficado tempo demais de olho numa telinha; talvez o ar do escritório esteja meio viciado. Imaginamos que deveríamos procurar soluções drásticas – pôr as cartas na mesa com um colega, partir para um confronto dramático com um fornecedor, enviar uma carta ríspida de demissão ou passar seis meses cruzando os Andes de mochila nas costas. Na verdade, precisamos é dormir cedo, tomar um copo d'água, dar uma volta no quarteirão ou instalar um ventilador de mesa.

São atitudes incomuns no ambiente de trabalho. No entanto, sabemos da utilidade de aplicar esse conceito a outras áreas da vida. Quando enfrentam a manha e a fúria de um filho pequeno, os pais generosos percebem que nem sempre vale a pena tentar convencê-lo a se acalmar com argumentos. Pode ser o caso de apenas levá-lo para a cama e torcer por uma longa noite de sono restaurador. Talvez precisemos agir como guardiões de nossa criança interior ferida e furiosa; ela não é um monstro de descontentamento – talvez apenas sofra de uma pequena falha no conforto físico.

***

Ter compaixão por si mesmo é diferente de dizer que somos inocentes. Significa tentar ser extremamente compreensivo diante da variedade de razões que podem ter ocasionado nossa falha. Fomos imbecis, sem dúvida, mas mesmo assim merecemos existir, ser ouvidos e perdoados.

iii. Por que nenhum emprego jamais será suficiente

Querem que sejamos monogâmicos em nosso trabalho, mas, de tempos em tempos, é bem provável que passemos uns bons minutos divagando sobre alternativas. Alguém nos paga um salário para organizar o pagamento de tributos de três jurisdições, avaliar a viabilidade comercial de salões de beleza na Polônia ou ajudar uma turma de 14 anos a dominar as equações quadráticas; porém, uma parte do nosso cérebro desejará, por alguns momentos, ocupar-se com os possíveis prazeres de gerenciar uma estação de esqui, trabalhar com pesquisa médica ou administrar uma agência de viagens. É uma tendência errante que vive cutucando o nosso compromisso com o emprego atual.

Não é que sejamos desleais; apenas compreendemos uma característica fundamental da condição humana: temos talentos em muito mais áreas profissionais do que jamais teríamos oportunidade de explorar. Grande parte de nossa personalidade profissional irá para o túmulo sem ver a luz e, portanto, protesta na tentativa de evitar que isso aconteça.

Para entender a origem de nossa inquietação, voltemos à infância. Quando crianças, tínhamos permissão de fazer muitas coisas. Numa única manhã de domingo, podíamos vestir um casaco extra e imaginar que éramos um explorador do Ártico e depois passar algum tempo como arquiteto construindo uma casa de Lego. Podíamos fingir que éramos um astro do rock compondo um hino sobre pão com manteiga ou um inventor descobrindo que é possível colorir um desenho mais depressa colando quatro canetas hidrográficas. Fazíamos de conta que éramos parte de uma equipe de resgate de emergência, depois experimentávamos ser um piloto que pousa suavemente um cargueiro no tapete do corredor; fazíamos uma cirurgia para salvar a vida de um coelho de tricô e, por fim, aceitávamos o emprego de subchefe de cozinha para ajudar a fazer um sanduíche para o lanche.

Cada uma dessas "brincadeiras" poderia ser o início de uma carreira. No entanto, tivemos que fazer uma escolha e reiterá-la durante cinquenta anos. Somos muito mais do que o mundo do trabalho nos permite ser. Em "Canção de mim mesmo", publicada em 1881, o poeta americano Walt Whitman expressou nossa multiplicidade de modo memorável: "Sou grande, contenho multidões." Com isso ele queria dizer que existem muitíssimas versões interessantes, atraentes e viáveis de cada pessoa; muitas formas potencialmente boas de viver e trabalhar. Mas poucas são postas em prática e se tornam reais do decorrer da única vida que recebemos. Não admira que tenhamos uma consciência silenciosa e dolorosamente constante de nosso destino não cumprido e às vezes reconheçamos, com sensação legítima de agonia, que poderíamos mesmo ter sido outra coisa e outra pessoa.

Não é culpa nossa não sermos capazes de dar expressão a nossas "multidões". O moderno mercado de trabalho não nos dá outra opção a não ser nos especializarmos. Não podemos ser pilotos de avião uma tarde por semana, cirurgião dois dias por mês e cantor e compositor à noite, mantendo ao mesmo tempo empregos de meio período de assessor político, encanador, estilista, treinador de tênis, agente de viagens e, além disso, ser donos de um pequeno restaurante que serve pratos libaneses.

O filósofo escocês Adam Smith (1723-1790) explicou por que não podemos fazer tudo isso. Em *A riqueza das nações* (1776), escreveu que a divisão de trabalho aumenta imensamente a produtividade coletiva. Em uma sociedade na qual todos fazem tudo, só se produz um pequeno número de sapatos, casas, pregos, alqueires de trigo, cabrestos para cavalos e rodas de carroça; além disso, ninguém é muito bom em nada. Porém, ao se especializar em uma única área (fazer rebites, apontar espetos, fabricar corda, construir alvenaria, etc.), as pessoas se tornam muito mais rápidas e eficientes no trabalho e, coletivamente, o nível de produção aumenta muito. Quando concentramos nosso esforço, perdemos o prazer da multiplicidade, mas no todo a sociedade se torna muito mais rica; melhora também o suprimento dos bens de que precisa. É um tributo ao mundo que Smith tenha previsto a criação de cargos como: projetista sênior de marcas e embalagens, clínico de avaliação e triagem, gerente de centro de pesquisa, controlador de avaliação de riscos e auditoria interna e assessor de política de transportes – em outras palavras, engrenagens minúsculas em uma gigantesca máquina eficiente, riquíssima, que no entanto sufoca os anseios privados de dar expressão a nosso eu múltiplo.

O fato de nos dedicarmos apenas a uma fração do trabalho que poderíamos executar, quando consideramos nosso temperamento, abre as portas a uma nova maneira de medir o desemprego. Independentemente do que façamos, todos nós abrigamos pelo menos outros nove eus empregáveis que hoje definham fora do mercado de trabalho remunerado. Ou seja, por estranho que possa parecer, a estatística oficial de emprego é enganosa e subdimensionada. Ela não leva em conta a imensa variedade de empregos que cada pessoa, em princípio, poderia exercer. Quando este livro foi escrito, havia cerca de 33 milhões de pessoas no mercado de trabalho do Reino Unido, com 1,69 milhão oficialmente registrados como desempregados – cerca de 5,5%. No entanto, em termos da variedade de atividades que cada um poderia executar, há, na verdade, um potencial de 330 milhões de eus profissionais em busca de realização a cada momento. Mais de 90% de nossa capacidade coletiva de trabalho é subempregada.

Comparadas às brincadeiras da infância, levamos vidas fatalmente limitadas. Não há cura fácil. Como defendia Adam Smith, as causas não estão em algum erro pessoal que cometemos; nos submetemos a uma restrição imposta a nós pela lógica maior de uma economia de mercado produtiva e competitiva. Mas ninguém pode nos impedir de lamentar os aspectos de nosso caráter que jamais serão satisfeitos. Não estamos sendo bobos nem ingratos; estamos apenas registrando o choque entre as exigências do mercado de trabalho e o potencial mais amplo de cada vida humana. Há um toque de tristeza nessa ideia. Mas ela também nos lembra que essa falta de realização nos acompanhará seja o que for que façamos. Não pode ser curada com uma mudança de emprego. É uma melancolia existencial ocasionada pelo período da história em que, por acaso, nos coube viver.

Aqui, novamente, há um paralelo entre nossa experiência profissional e o que ocorre na vida amorosa. Por haver tanta gente no mundo, não há dúvida de que poderíamos (sem que nosso parceiro ou parceira atual tenha qualquer culpa nisso) viver grandes relacionamentos com dezenas, talvez centenas de pessoas diferentes. Elas trariam à luz lados diferentes de nossa personalidade, nos agradariam (e nos irritariam) de maneira diferente e nos apresentariam novos estímulos. Porém, assim como no trabalho, a especialização traz vantagens: significa que podemos nos concentrar, criar filhos em um ambiente estável e aprender a disciplina do compromisso.

No amor e no trabalho, a vida exige que sejamos especialistas, muito embora, por natureza, sejamos igualmente dotados para a exploração em grande escala. Assim, teremos, necessariamente, que levar dentro de nós, em forma embrionária, muitas versões atraentes de nós mesmos que nunca terão uma oportunidade adequada de vir à tona. É um pensamento sombrio, mas também consolador. Nosso sofrimento guarda uma dignidade curiosa, porque não afeta apenas a nós. Aplica-se tanto ao presidente executivo quanto ao estagiário, tanto ao artista quanto ao contador: todos poderiam ter encontrado muitas versões de felicidade que lhes escaparam.

Ao sofrer dessa maneira, participamos do destino humano comum. Com certa melancolia, estamos livres para remover da lista de preferidos o site de busca de empregos e cancelar o perfil no aplicativo de encontros; tais atitudes indicam o devido reconhecimento de que, não importa o que façamos, jamais desenvolveremos todo o nosso potencial. Boa parte dele morrerá sem ter a oportunidade de chegar à plena maturidade, em nome dos benefícios do foco e da especialização.

iv. Apaixonar-se outra vez

Embora não seja uma expressão muito usada, é totalmente possível – comum, de fato – ter um *crush* por um emprego. É mais ou menos como ter um *crush* por alguém. Vemos a pessoa por aí (ou talvez apenas de relance, no aeroporto ou em um bar) e pensamos: "Talvez com ele ou ela eu fosse feliz." Havia algo no jeito como arrumava o cabelo, o tipo de sapato que usava, o formato do rosto, o sorriso, a postura... Pequenas coisas que despertam uma visão deliciosa de felicidade mútua. Quando estamos em um relacionamento, o *crush* tende a despertar a sensação incômoda de que nosso parceiro atual não é tudo o que poderia ser. Talvez fosse melhor encerrar essa história e buscar uma pessoa mais nova e interessante. Comparamos a pessoa que já conhecemos (e que nos entedia um pouco) com aquele novo indivíduo tão cativante e, claro, nessa comparação, o atual sai perdendo.

Em geral, a experiência nos ensina a desconfiar desses devaneios tão agradáveis. Mas é provável que tenhamos de cometer muitos erros antes de aprender a lição; descobrimos que os sapatos bonitos não tinham nada a ver com uma personalidade calma e equilibrada; que o corte de cabelo não era o sinal exterior de humor e inteligência brilhante; que a pessoa com o sorriso adorável também podia ser cínica e pouco solidária nos momentos mais importantes. Em outras palavras, aprendemos aos poucos que, por mais sedutora que pareça por fora, a pessoa terá, na média, as mesmas qualidades incômodas e frustrantes de qualquer outra (assim como nós).

Algo parecido acontece com o trabalho. Ficamos empolgadíssimos com a ideia de um novo emprego. Indicadores exteriores de sucesso e descrições curtas nos atraem; há uma empresa com escritórios maravilhosos (chão encerado, paredes de tijolinho aparente, canecas personalizadas para os funcionários); você observa que o pessoal da arquitetura adora vidraças; alguém que você conheceu em uma festa vai trabalhar numa instituição de caridade em Vanuatu como diretor de logística; ou o amigo de um amigo abriu uma empresa de papéis de carta luxuosos e parece que achou um belo nicho de mercado. Esses pontos de partida são suficientes para pôr em funcionamento um *crush* profissional. Começamos a construir uma fantasia de como seria ótimo fazer essas coisas; em comparação, nosso emprego atual parece sem graça e desinteressante. Lançamos olhares ressentidos para nossos colegas nada glamorosos, nosso cubículo cinzento, o fato de ninguém sentir inveja quando revelamos o que fazemos ou que ainda trabalhamos para os outros em vez de sermos nosso próprio chefe. Até então, parecia que gostávamos bastante do emprego, mas um *crush* forte por outro tipo de trabalho nos lembra que sentimos falta de muita coisa.

No entanto, a realidade espinhosa é que todo emprego tem problemas. Só que ainda não temos uma ideia clara dos pontos tediosos, preocupantes e desagradáveis do que provocou o *crush*. Se pudéssemos fazer uma experiência de um mês ou dois, logo perceberíamos. O escritório maravilhoso pertence a uma empresa com políticas de demissão draconianas: duas avaliações negativas seguidas e você está fora; alguém se trancou no banheiro em lágrimas na semana passada. O diretor de logística médica vive fechando os olhos para o desespero e os problemas insuperáveis do cotidiano; passa a maior parte do tempo negociando subornos e tentando minimizar o furto de suprimentos. O empreendedor do papel de carta luxuoso acorda às três da madrugada pensando em como contornar os problemas de fluxo de caixa; e as pessoas glamorosas falam mal umas das outras pelas costas. Quando estamos empregados, temos muita consciência dos problemas daquele trabalho. Os outros parecem tão atraentes porque só temos contato com seu lado positivo. Além disso, ficamos anestesiados em relação ao trabalho que realizamos; não vemos o que há de bom e esquecemos o que nos atraiu para ele. Os méritos desaparecem – ficam apenas as dificuldades. Mas, no *crush*, tudo ainda é novo, atraente e desconhecido, e não conseguimos parar de pensar nele. Assim, não é que o outro emprego seja muito melhor; é só que os termos da comparação são muito injustos com o que já temos.

E se nos reapaixonássemos pelo emprego que temos, em vez de nos arriscarmos em um *crush* ou emprego imaginário? Podemos avaliá-lo outra vez, agora com outros olhos. Não parece uma atitude muito familiar, mas provavelmente já sabemos do que se trata. É um tema importante nas artes.

Os campos eram belos antes de Monet decidir retratá-los em seus quadros. Mas a agricultura não é uma ocupação muito glamorosa, e não surpreende que muitos contemporâneos do pintor francês tivessem esquecido como essas terras podiam ser agradáveis e atraentes. Talvez, quando crianças, gostassem de passear pelas plantações, mas depois de adultos passaram a associar o campo a lama, manhãs frias de inverno ou o serviço de trem pouco confiável das cidades rurais. O que Monet faz é nos dar a oportunidade de um segundo olhar, mais fresco, para as belezas do campo – graças a ele, percebemos como as cores são lindas, como a neblina azul a distância é agradável, como as flores

Consolações

CLAUDE MONET: *Papoulas no campo de aveia*, Giverny (1890), trouxe nova glória a um tema comum.

se destacam no meio dos ramos de aveia. Voltamos a nos conectar com encantos que sempre estiveram lá, mas que desenvolvemos o hábito de não ver.

O mesmo pode ocorrer nos relacionamentos. Depois de ficar alguns anos com alguém, as qualidades que nos atraíram naquela pessoa vão perdendo a graça; começamos a ignorá-las e nos tornamos grandes especialistas em tudo o que nos incomoda e irrita no outro. Mas às vezes temos a oportunidade de reverter o processo. Contemplar uma foto da época em que a conhecemos pode evocar as características dela que tanto nos seduziram no começo.

Observamos de novo o sorriso tímido, o olhar simpático, os pulsos delicados que a manga arregaçada do suéter pôs à mostra. Ou talvez viajemos algumas semanas a trabalho e, ao voltar, encontremos esse companheiro ou companheira à nossa espera no aeroporto; a viagem nos ofereceu a distância psicológica necessária para renovar nossa apreciação. Ou descobrimos que um conhecido nosso tem um *crush* por nosso parceiro ou parceira e o acha fascinante e elegante. O comentário desperta em nós alguma irritação, mas, ao mesmo tempo, nos permite uma constatação muito interessante: pelos olhos desse possível rival, voltamos a valorizar o que poderíamos perder.

Em outras palavras, somos criaturas adaptáveis. O desencanto não é uma via de mão única; às vezes conseguimos inverter o sentido. Somos capazes de um segundo olhar mais apurado. Podemos dar um passo de Monet em nosso trabalho. Em termos ideais, pediríamos a um grande artista que observasse nosso dia de trabalho e escolhesse apenas o que há de belo e atraente nele para nos mostrar; compraríamos a versão dele e a enquadraríamos para sempre recordar. Na ausência de um artista, porém, podemos realizar nós mesmos um processo semelhante.

Podemos supor que alguém vá nos entrevistar sobre nossa carreira e pergunta: "Quais são as três melhores coisas em seu emprego?" Que resposta você daria? Não seria surpreendente, claro, mas redirecionaria nossa atenção para os verdadeiros pontos positivos, que existem, mas não ocupam o centro do palco da nossa mente no dia a dia. Ou imagine que uma revista esteja fotografando o seu local de trabalho com o objetivo de mostrá-lo como interessante e empolgante; o que deveria ser clicado? É mais ou menos como o corretor de imóveis que tira fotos de uma casa e essas fotos surpreendem profundamente os donos; eles talvez tivessem esquecido de quão boa era aquela casa, da qual talvez estejam se mudando impulsivamente.

Podemos reaprender a amar (até certo ponto) nosso emprego atual. Não seria um deslumbramento. Não seria como na primeira vez em que nos apaixonamos e acreditamos que aquela pessoa (ou aquele emprego) seria ideal. Seria um amor mais maduro, mas ainda real, com toda a consciência das falhas e imperfeições do outro; um amor que conhece as concessões e as sombras, mas que ainda sente apreço e afeto pelos méritos que estão genuinamente presentes. É parecido com o que pode acontecer em um relacionamento, quando, depois de anos de brigas e decepções, o casal começa a ter uma visão mais comedida um do outro. Os dois sabem que o parceiro ou parceira não é o que sonharam. Mas conseguem ver que, em geral, essa pessoa joga no seu time e que quer de verdade o que é melhor para os dois. Mesmo que não seja exatamente o que o outro deseja, a boa vontade é legítima. Virtudes menos dramáticas podem ser reconhecidas, da mesma maneira que é possível resgatar o prazer tranquilo de estarem juntos.

Voltar a apaixonar-se pelo seu emprego significa que entendemos o erro do *crush* profissional. Fomos capazes de admitir que nenhum emprego pode ser tudo o que queremos, mas ainda pode oferecer muita coisa da qual podemos nos orgulhar e que nos dará prazer.

v. Um trabalho suficientemente bom

Parece terrível dizer aos outros (ou a nós mesmos) que não mirem alto demais. Pode soar amargo e derrotista. Às vezes, é isso mesmo. Visto por outro ângulo, porém, talvez seja um conselho sábio e generoso, porque combate as agressões injustas que cometemos contra nós mesmos por não estarmos à altura de ideais imaginários.

A iniciativa de enfraquecer esse perfeccionismo implacável partiu do psicanalista britânico Donald Winnicott na década de 1950. Winnicott se especializou na relação entre pais e filhos. Em sua prática clínica, era comum ele receber pais que tentavam ao máximo ser tudo para os filhos e, mesmo assim, estavam desesperados. Sentiam-se zangados e frustrados porque seu ideal de vida familiar estava muito longe da realidade: os filhos eram fechados ou desobedientes, os pais estavam cansados e irritados. A esperança, em geral, dera lugar a uma frustração extrema.

A ideia fundamental de Winnicott era que a agonia dos pais tinha uma origem específica: eles se esforçavam demais. Para ajudá-los, desenvolveu o conceito sedutor e extremamente prático de "pais suficientemente bons". Para Winnicott, os filhos não precisam de pais ideais, e sim de pais e mães legais e decentes, em geral bem-intencionados e, na maior parte do tempo, mas nem sempre, afetuosos e sensatos. Não que Winnicott se resignasse com a segunda opção, mas ele percebia que, para nos tornarmos almas equilibradas, fortes e pacientes (uma ambição bem grande, na verdade), precisamos conviver com a imperfeição e resistir a nos torturar tentando alcançar o que nenhum ser humano comum consegue.

O conceito de "suficientemente bom" foi inventado para dar dignidade ao fracasso de não estar à altura de um ideal brutal e contraproducente. Também pretendia ressaltar que boa parte do que é realmente importante acontece em um patamar muito abaixo daquele sem falhas nem problemas. Winnicott tentava dizer aos pais que ser "suficientemente bom" é uma meta mais saudável e, portanto, mais honrosa.

Recorrendo ao conselho de Winnicott aos pais, podemos desenvolver a noção útil do emprego suficientemente bom. Esse emprego tem o pacote habitual de defeitos: é meio chato em alguns momentos, com situações decepcionantes e complicadas; envolve períodos de ansiedade; de vez em quando, nos expõe ao julgamento de pessoas que não respeitamos; não faz pleno uso de todos os nossos méritos; jamais ganharemos uma fortuna; às vezes, teremos que cortar custos contra a nossa vontade; precisaremos ser educados com gente muito irritante; nem sempre nossas melhores ideias serão adotadas; com toda a probabilidade, alguns rivais vão nos ultrapassar; e sempre haverá dias em que nos perguntaremos como fomos tão idiotas a ponto de aceitar esse trabalho.

Mas, no emprego suficientemente bom, haverá muitos aspectos positivos. Faremos alguns amigos íntimos; teremos períodos de verdadeiro entusiasmo; com muita frequência, nosso esforço será reconhecido e recompensado; estaremos em harmonia com o que o time vem realizando; chegaremos ao fim de muitos dias cansados, mas nos sentindo em plenitude.

Nessa posição, você não será uma celebridade admirada; não chegará ao topo; não mudará o mundo sozinho; muitas das antigas fantasias sobre a carreira serão suavemente esquecidas. Mas você saberá que trabalha com honra e dignidade e que, de um jeito maduro, sossegado, sem brilho especial nos olhos, mas muito real, *você ama suficientemente seu trabalho*. E, em si, essa é uma imensa realização.

Créditos das imagens

p.167 Página dupla de *The Lady's Magazine*, 1770. Reproduzido com permissão da Biblioteca de Birmingham.

p.168 Ilustração de moda (*London Fashionable Walking Dresses*), 1812, Los Angeles County Museum of Art, doação do Dr. Gerald Labiner e senhora. Foto © Museum Associates / LACMA.

p.172 Hyacinthe Rigaud, *Retrato de Luís XIV (1638-1715)*, 1701 / © RMN-Grand Palais / Angèle Dequier / Museu do Louvre, 2010. DEA / G. Dagli Orti / De Agostini Picture Library / Getty Images.

p.179 Adolphe-William Bouguereau, *Orestes perseguido pelas Fúrias*, 1862 / Chrysler Museum of Art, Norfolk, Virgínia, EUA / Doação de Walter P. Chrysler Jr. 71.623. The Picture Art Collection / Alamy Stock Photo.

p.211 Claude Monet, *Papoulas no campo de aveia*, 1890 / foto © Peter Horree / Alamy Stock Photo.

A **The School of Life** se dedica a desenvolver a inteligência emocional através da cultura, com base na crença de que nossos problemas mais persistentes são criados pela falta de autocompreensão, compaixão e comunicação. A organização possui dez sedes ao redor do mundo, incluindo Londres, Amsterdã, Seul, Melbourne e São Paulo, onde produz filmes, oferece cursos e cria uma variedade de programas e serviços voltados para o bem-estar. A **The School of Life** faz livros sobre as questões mais importantes da vida emocional, com o objetivo de entreter, educar, confortar e transformar.

CONHEÇA OUTROS LIVROS DA COLEÇÃO

Grandes pensadores

Esta é uma coletânea de algumas das mais importantes ideias da cultura oriental e ocidental, encontradas na obra dos filósofos, teóricos políticos, sociólogos, artistas e romancistas que acreditamos ter mais a nos oferecer nos dias de hoje. Trabalhamos muito para tornar a visão desses pensadores clara, relevante e envolvente e garimpamos a história do conhecimento para trazer a você as ideias que consideramos mais importantes para nosso tempo. Este livro contém o cânone de **The School of Life**, a galeria das pessoas que, ao longo dos milênios, ajudaram a construir nosso projeto intelectual – e teremos sido bem-sucedidos se, nos dias e anos que virão, você se flagrar recorrendo a nossos pensadores para esclarecer os dilemas, alegrias e tristezas da sua vida cotidiana.

Calma

Poucas habilidades são tão importantes e ao mesmo tempo tão negligenciadas quanto a capacidade de manter a calma. Quase sempre, nossas piores decisões são tomadas em momentos em que perdemos a calma e nos deixamos dominar pela ansiedade e a agitação. Felizmente, nosso poder de permanecer calmos pode ser exercitado e aperfeiçoado. Não precisamos aceitar o estado atual das coisas: nossas reações diante dos desafios do dia a dia podem ser radicalmente transformadas. E para nos educarmos na arte de manter a calma, não precisamos de técnicas respiratórias nem de chás especiais – mas apenas do pensamento. Este é um livro que examina as maiores causas do estresse, oferecendo uma sucessão de argumentos convincentes e às vezes ironicamente cômicos para nos defender da raiva e do medo.

Relacionamentos

Poucas coisas nos prometem mais felicidade do que nossos relacionamentos – e poucas nos trazem tanto sofrimento e frustração. Nosso erro é supor que já nascemos sabendo amar e que, portanto, administrar um relacionamento deve ser fácil e intuitivo. Este livro parte de uma premissa diferente: o amor é uma habilidade a ser aprendida, não apenas uma emoção a ser sentida. De maneira suave e encantadora, ele trata das principais questões dos relacionamentos – das discussões ao sexo, do perdão à comunicação – e assegura que o sucesso no amor nunca mais vai depender apenas da sorte.

CONHEÇA OS LIVROS DA COLEÇÃO
THE SCHOOL OF LIFE

Calma
Relacionamentos
Grandes pensadores
Um trabalho para amar

Para saber mais sobre os títulos e autores da Editora Sextante, visite o nosso site. Além de informações sobre os próximos lançamentos, você terá acesso a conteúdos exclusivos e poderá participar de promoções e sorteios.

sextante.com.br